植物性タンパク質の味覚: テンペとセイタンの料理本

健康的で風味豊かな植物ベースの料理で食事を
グレードアップしましょう

ヘザー・ミッチェル

まとめ

序章

　　『植物性タンパク質の味覚: テンペとセイタンの料理本』へ
ようこそ。この料理の旅では、テンペとセイタンという 2 つの
美味しくて用途の広い食材に焦点を当て、植物性タンパ
ク質の素晴らしさを讃えます。あなたが経験豊かなビーガン
であっても、単にもっと植物ベースのオプションを食事に取り
入れたいと考えているだけであっても、このクックブックには
あなたの味覚を満足させ、体に栄養を与える多様なレシピ
が提供されています。

テンペとセイタンは優れたタンパク質源であり、必須栄養素を
提供すると同時に、どんな料理も引き立てる独特の食感と風
味を提供します。発酵させた大豆から作られるテンペはナッツ
のような風味としっかりとした食感が特徴で、小麦グルテンから
作られるセイタンはボリュームたっぷりでお肉のような粘りがあり
ます。どちらの材料も信じられないほど用途が広く、さまざまな
料理の可能性を探求し、朝食、昼食、夕食などあらゆる料理
に食欲をそそる料理を作ることができます。

「植物性タンパク質の味覚」では、テンペとセイタンの世界に飛
び込み、さまざまなレシピで輝く可能性を解き放ちます。心地
よいシチューや炒め物から風味豊かなマリネや風味豊かなグリ
ルまで、これらの植物ベースのおいしい料理は、あなたのキッチン
の定番になること間違いなしです。

それでは、植物性タンパク質の力と、意識的で思いやりのある
料理の喜びを讃えながら、この風味豊かな冒険に出かけましょ
う!

1. 豆腐のオイスターソース添え

- 豆腐 8 オンス
- 新鮮なキノコ 4 オンス ネギ 6 本
- セロリ 3 本
- 赤または緑のピーマン
- 植物油 大さじ 水 1/2 カップ
- コーンスターチ 大さじ
- オイスターソース 大さじ ドライシェリー酒 小さじ 4
- 醤油 小さじ 4

豆腐を 1/2 インチの立方体に切ります。キノコをきれいにし、スライスに切ります。玉ねぎを 1 インチ角に切ります。セロリを 1/2 インチの斜めのスライスに切ります。ピーマンの種を取り除き、ピーマンを 1/2 インチの塊に切ります。

中華鍋に油大さじ 1 を入れて強火で加熱します。油の中で豆腐を軽くかき混ぜながら、薄茶色になるまで 3 分間調理します。鍋から取り出します。

残りの大さじ 1 杯の油を中華鍋に入れ強火で加熱します。キノコ、玉ねぎ、セロリ、コショウを加え、1 分間炒めます。

豆腐を中華鍋に戻します。軽く混ぜ合わせます。水、コーンスターチ、オイスターソース、シェリー酒、醤油を混ぜます。混合物を中華鍋に注ぎます。アヒルを調理する

液体が沸騰するまでかき混ぜます。さらに 1 分間調理してかき混ぜます。

2. 油揚げ

- 木綿豆腐 1 丁
- コーンスターチ 1/4 カップ
- 揚げ油 4〜5 カップ
  豆腐は水切りし、立方体に切ります。コーンスターチでコーティングします。

予熱した中華鍋に油を加え、350°F に加熱します。油が熱くなったら角豆腐を加え、きつね色になるまで揚げます。ペーパータオルの上で水気を切ります。

2¾ カップが得られます
この美味しくて栄養価の高いシェイクは、朝食や午後の軽食に最適です。風味をさらに高めるには、季節のベリーを加えます。

3. ほうれん草入り豆腐

- ほうれん草の葉 5 カップ
- 唐辛子入り発酵豆腐 4 個
- 五香粉 ひとつまみ（⅛小さじ未満）
- 揚げ油 大さじ 2
- ニンニク 2 片（みじん切り）

ほうれん草は沸騰したお湯に葉をさっと入れて湯通しします。十分に水気を切ります。
発酵させた豆腐を潰し、五香粉を混ぜます。
予熱した中華鍋またはフライパンに油を加えます。油が熱くなったら、にんにくを加え、香りが出るまで軽く炒めます。ほうれん草を加え、1〜2分間炒めます。中華鍋の真ん中につぶした豆腐を加え、ほうれん草と混ぜます。火を通して、熱いうちにお召し上がりください。

4. 豆腐の煮込み

- 牛肉 1 ポンド
- 干しキノコ 4 個
- 8 オンスの押し豆腐
- 薄口醤油 1 カップ
- 濃口醤油 1/4 カップ
- 中国産ライスワインまたはドライシェリー酒 1/4 カップ
- 揚げ油 大さじ 2
- 生姜のスライス 2 枚
- ニンニク 2 片 （みじん切り）
- 水 2 カップ
- スターアニス 1 個

牛肉を薄いスライスに切ります。干し椎茸は熱湯に 20 分以上浸して柔らかくします。軽く絞って余分な水分を切り、スライスします。

豆腐を 1/2 インチの立方体に切ります。薄口醤油、濃口醤油、こんにゃく酒、白、茶色を合わせて置いておきます。予熱した中華鍋またはフライパンに油を加えます。油が熱くなったら、生姜のスライスとニンニクを加え、香りが出るまで軽く炒めます。牛肉を加え、焼き色がつくまで炒めます。牛肉に火が通る前に豆腐を加えてさっと炒める。

ソースと水 2 カップを加えます。スターアニスを加えます。沸騰したら火を弱めて煮ます。1 時間後、干し椎茸を加えます。さらに 30 分間、または液体が少なくなるまで煮ます。必要に応じて、食べる前にスターアニスを取り除きます。

5. ピーナッツ胡麻だれ中華そば

- 1 ポンド中華麺
- 大さじ 2 杯。黒ごま油

ドレッシング：
- 大さじ 6 ピーナッツバター 水 1/4 カップ
- 大さじ 3 薄口醤油 大さじ 6 濃い醤油
- 大さじ 6 タヒニ（胡麻ペースト）
- 濃いごま油 1/2 カップ 大さじ 2 シェリー
- 小さじ 4 米酢 蜂蜜 1/4 カップ
- にんにく中 4 片（みじん切り）
- 小さじ 2 新生姜のみじん切り
- 大さじ 2〜3 唐辛子油（またはお好みの量） 熱湯 1/2 カップ

鍋に唐辛子のフレークと油を入れて中火にかけます。沸騰したらすぐに火を止めます。ちょっと涼しい。密封できる小さなガラス容器に濾します。冷蔵してください。

ガーニッシュ：
- ニンジン 1 本（皮をむく）
- 硬めの中キュウリ 1/2 本（皮をむき、種を取り、千切りにする） ローストピーナッツ 1/2 カップ（粗く刻む）
- ネギ 2 本（薄くスライス）

大きな鍋に沸騰したお湯を入れて中火で麺を茹でます。かろうじて柔らかくなり、まだ固くなるまで調理します。すぐに水を切り、冷たくなるまで冷水ですすいでください。麺がくっつかないように、水をよく切り、濃ごま油（大さじ 2）で麺を和えます。

ドレッシングの場合: お湯以外のすべての材料をブレンダーに入れ、滑らかになるまで混ぜます。お湯でホイップクリーム程度に薄めます。

付け合わせには、ニンジンの皮を長さ約 4 インチの短い削りくずにします。氷水に 30 分間入れてカールさせます。食べる直前に、麺をソースで和えます。キュウリ、ピーナッツ、ネギ、ニンジンのカールを飾ります。冷たくまたは室温でお召し上がりください。

6. マンダリンヌードル

- 中国の干しキノコ
- 生中華麺 1/2 ポンド ピーナッツ油 1/4 カップ
- 海鮮醤 大さじ 豆板醤 大さじ 1
- ライスワインまたはドライシェリー 大さじ 薄口醤油 大さじ 3
- または蜂蜜
- 保存しておいたマッシュルーム浸漬液 1/2 カップ チリペースト 小さじ 1
- コーンスターチ 大さじ 1
- 赤ピーマン 1/2 個 -- 1/2 インチ角切り
- 1/2 8 オンス缶 丸ごとタケノコ、1/2 インチの立方体に切る 洗って水気を切る もやし 2 カップ
- ねぎ -- 薄切り

マッシュルームを 1 1/4 カップの熱湯に 30 分間浸します。浸している間に、4 クォートの水を沸騰させ、麺を 3 分間茹でます。水を切り、ピーナッツ油大さじ 1 と和えます。脇に置きます。

キノコを取り除きます。濾して浸漬液 1/2 カップをソース用に取っておきます。キノコの茎を踏んで捨てます。キャップを粗く刻み、脇に置きます。

小さなボウルにソースの材料を混ぜ合わせます。脇に置きます。コーンスターチを大さじ 2 杯の冷水に溶かします。脇に置きます。

中華鍋を中火にかけます。煙が出始めたら、残りのピーナッツ油大さじ 3 を加え、キノコ、赤ピーマン、タケノコ、もやしを加えます。2 分間炒めます。

ソースをかき混ぜて中華鍋に加え、沸騰し始めるまで約 30 秒間炒め続けます。

溶かしたコーンスターチを混ぜて中華鍋に加えます。ソースが濃くなるまで約 1 分間かき混ぜ続けます。麺を加え、約 2 分間加熱するまで炒めます。

お皿に移し、ネギのスライスを散らします。すぐにお召し上がりください

7. 豆腐と麺

- 8 オンスの北京風生麺
- 木綿豆腐 12 オンス ブロック 1 個
- チンゲンサイ 3 本とネギ 2 本
- ⅓ 濃口醤油カップ
- 黒豆ソース 大さじ 2
- 中国産ライスワインまたはドライシェリー酒 小さじ 2
- 黒米酢 小さじ 2
- 塩 小さじ 1/4
- ニンニク入りチリペースト 小さじ 1/4
- ラー油 小さじ 1 (23 ページ)
- ごま油 小さじ 1/4
- 水 1/2 カップ
- 揚げ油 大さじ 2
- 生姜のみじん切り 2 枚
- ニンニク 2 片 （みじん切り）
- 赤玉ねぎ 1/4 個 （みじん切り）

麺を沸騰したお湯で柔らかくなるまで茹でます。十分に水気を切ります。豆腐は水切りし、立方体に切ります。チンゲン菜は沸騰したお湯にさっと入れて下茹でし、しっかりと水を切ります。茎と葉を分けます。長ねぎを 1 センチ幅の斜め切りにし、濃口醤油、黒豆だれ、こんにゃく酒、黒米酢、塩、にんにく唐辛子、ラー油、ごま油、水を合わせて混ぜる。脇に置いておきましょう。

予熱した中華鍋またはフライパンに油を加えます。油が熱くなったら、生姜、ニンニク、ネギを加えます。香りが立つまで軽く炒めます。赤玉ねぎを加えてさっと炒めます。側面を押し上げ、チンゲン菜の茎を加えます。葉を加え、チンゲン

菜が鮮やかな緑色になり、玉ねぎが柔らかくなるまで炒め
ます。必要に応じて、小さじ 1/4 の塩で味付けします
中華鍋の真ん中にソースを加えて沸騰させます。豆腐を加
えます。豆腐にソースを吸収させるために数分間煮ます。
麺を加えます。すべてを混ぜ合わせ、熱いうちにお召し上が
りください。

8. 豆腐の海老詰め

- 豆腐 1/2 ポンド
- 2 オンスの調理済みエビ（皮をむいて背わたを取り除いたもの）
- ⅛ 小さじ一杯の塩
- 2 つのキーをペッパーします
- コーンスターチ 小さじ 1/4
- チキンスープ 1/2 カップ
- 中国産ライスワインまたはドライシェリー 小さじ 1/2
- 水 1/4 カップ
- オイスターソース 大さじ 2
- 揚げ油 大さじ 2
- ねぎ 1 本、1 インチの小片に切ります

豆腐を水切りします。エビを洗い、ペーパータオルで軽く叩いて水気を拭き取ります。エビを塩、コショウ、コーンスターチで 15 分間マリネします。

包丁をまな板と平行に持ち、豆腐を縦半分に切ります。それぞれの半分を 2 つの三角形に切り、さらにそれぞれの三角形を 2 つの三角形に切ります。これで 8 つの三角形ができたはずです。

豆腐の片面に縦に切り込みを入れる。小さじ 1/4〜1/2 のエビを切り込みに詰めます。

予熱した中華鍋またはフライパンに油を加えます。油が温まったら豆腐を加えます。豆腐を約 3〜4 分間焼き、少なくとも 1 回ひっくり返し、中華鍋の底にくっつかないようにします。エビが残っている場合は、調理の最後に加えてください。

中華鍋の中央に鶏ガラスープ、こんにゃく酒、水、オイスターソースを加えます。沸騰させます。火を弱めて蓋をし、5〜6

分煮ます。ネギを加えてかき混ぜます。温かいままお召し上
がりください。

9. 四川野菜入り豆腐

- 7 オンス（2 ブロック）の豆腐
- 保存四川野菜 1/4 カップ
- チキンストックまたはスープ 1/2 カップ
- 中国産ライスワインまたはドライシェリー酒 小さじ 1
- 醤油 小さじ 1/2
- 揚げ油 4〜5 カップ

予熱した中華鍋に少なくとも 4 カップの油を入れて 350°F に加熱します。油が温まるのを待っている間に、豆腐を 1 インチ角に切ります。四川野菜を立方体に切ります。チキンストックとライスワインを混ぜ合わせて置いておきます。

油が熱くなったら、おからを加え、きつね色になるまで揚げます。穴あきスプーンを使って中華鍋から取り出し、脇に置きます。

中華鍋から大さじ 2 杯以外の油をすべて取り除きます。保存した四川野菜を加えます。1〜2 分間炒め、中華鍋の側面に押し上げます。中華鍋の中央にチキンスープの混合物を加え、沸騰させます。醤油を混ぜ合わせます。押し豆腐を加えます。すべてを混ぜ合わせ、数分間煮て、熱いうちにお召し上がりください。

10. 豆腐と三種の野菜の煮込み

- 干しキノコ 4 個
- マッシュルーム浸漬液 1/4 カップ
- ⅔新鮮なキノコのカップ
- チキンスープ 1/2 カップ
- オイスターソース 大さじ 1 と 1/2
- 中国産ライスワインまたはドライシェリー酒 小さじ 1
- 揚げ油 大さじ 2
- ニンニク 1 片（みじん切り）
- 半分に切ったベビーキャロット 1 カップ
- 小さじ 2 杯のコーンスターチを小さじ 4 杯の水と混ぜたもの
- 3/4 ポンドの押し豆腐、1/2 インチの立方体に切る

干し椎茸は熱湯に 20 分以上浸します。浸漬液を 1/4 カップ取っておきます。乾燥キノコと生キノコをスライスします。取っておいたキノコ液、鶏がらスープ、オイスターソース、こんにゃく酒を合わせます。脇に置いておきましょう。

予熱した中華鍋またはフライパンに油を加えます。油が熱くなったら、にんにくを加え、香りが出るまで軽く炒めます。ニンジンを加えます。1 分ほど炒めたら、キノコを加えて炒めます。

ソースを加えて沸騰させます。コーンスターチと水の混合物をかき混ぜ、ソースに加え、素早くかき混ぜてとろみをつけます。角切り豆腐を加えます。すべてを混ぜ合わせ、火を弱め、5〜6 分間煮ます。温かいままお召し上がりください。

11. 豚肉入り豆腐三角

- 豆腐 1/2 ポンド
- 豚ひき肉 1/4 ポンド
- ⅛ 小さじ一杯の塩
- 2 つのキーをペッパーします
- 中国産ライスワインまたはドライシェリー 小さじ 1/2
- チキンスープ 1/2 カップ
- 水 1/4 カップ
- オイスターソース 大さじ 2
- 揚げ油 大さじ 2
- ねぎ 1 本、1 インチの小片に切ります

豆腐を水切りします。豚ひき肉を中くらいのボウルに入れます。塩、こしょう、こんにゃく酒を加えます。豚肉を 15 分間マリネします。

包丁をまな板と平行に持ち、豆腐を縦半分に切ります。それぞれの半分を 2 つの三角形に切り、さらにそれぞれの三角形を 2 つの三角形に切ります。これで 8 つの三角形ができたはずです。

豆腐の三角形の端のいずれかに沿って縦に切り込みを入れます。小さじ山盛り 1/4 の豚ひき肉をスロットに詰めます。予熱した中華鍋またはフライパンに油を加えます。油が温まったら豆腐を加えます。豚ひき肉が余っていたらそれも加えます。豆腐を約 3〜4 分間焼き、少なくとも 1 回ひっくり返し、中華鍋の底にくっつかないようにします。

中華鍋の中央に鶏がらスープ、水、オイスターソースを加えます。沸騰させます。火を弱めて蓋をし、5〜6 分煮ます。ネギを加えてかき混ぜます。温かいままお召し上がりください。

12. クランベリーパンケーキ シロップ添え

4〜6 人前が作れます

熱湯 1 カップ
加糖ドライクランベリー $^1/_2$ カップ
メープルシロップ $^1/_2$ カップ
新鮮なオレンジジュース $^1/_4$ カップ
$^1/_4$ カップ
ビーガンマーガリン 大さじ 1
中力粉 1 $^{1/2}$ カップ
砂糖 大さじ 1
ベーキングパウダー 大さじ 1
塩 小さじ $^{1/2}$
豆乳 1 $^{1/2}$ カップ
柔らかい絹ごし豆腐 $^1/_4$ カップ（水切り）
キャノーラ油またはグレープシード油 大さじ 1、揚げ用にさら
に追加

耐熱ボウルに熱湯を注ぎ、クランベリーが柔らかくなるまで
約 10 分間放置します。よく水を切り、脇に置きます。

小さな鍋にメープルシロップ、オレンジジュース、オレンジ、
マーガリンを入れて弱火にかけ、かき混ぜてマーガリンを溶か
します。暖かくしてください。オーブンを 225°F に予熱します。

大きなボウルに小麦粉、砂糖、ベーキングパウダー、塩を入
れて混ぜ、脇に置きます。

フードプロセッサーまたはブレンダーで、豆乳、豆腐、油をよく
混ざるまで混ぜます。

湿った材料を乾燥した材料に注ぎ、素早く数回ストローク
して混ぜます。柔らかくしたクランベリーを入れます。

グリドルまたは大きなフライパンで、油の薄い層を中強火で加熱します。お玉 1/4 カップ〜 $^1/_3$ カップ＿

熱い鉄板の上に生地を乗せます。小さな泡が上に現れるまで、2〜3 分間調理します。パンケーキをひっくり返し、もう一方の面が茶色になるまで、さらに約 2 分焼きます。焼きあがったパンケーキを耐熱皿に移し、オーブンで温めながら残りを焼きます。オレンジメープルシロップを添えてお召し上がりください。

13. 豆腐の醤油漬け

4 回分が作れます

- 1 ポンドの木綿豆腐を水切りし、$^1/_2$ インチのスライスに切り、プレスします。
- 煎りごま油 $^1/_4$ カップ
- 米酢 $^{1/4}$ カップ
- 砂糖 小さじ 2

豆腐の水分を拭き取り、9 x 13 インチのグラタン皿に並べて脇に置きます。

小鍋に醤油、油、酢、砂糖を入れて沸騰させます。熱々のマリネ液を豆腐に注ぎ、一度裏返しながら 30 分ほど漬け込みます。

オーブンを 350°F に予熱します。豆腐を途中で裏返しながら 30 分焼きます。すぐにお召し上がりいただくか、室温まで冷ました後、必要になるまでカバーをして冷蔵庫で保管してください。

14. ケイジャン風豆腐

4回分が作れます

- 1ポンドの超木綿豆腐、水を切り、軽く叩いて水気を切る
- 塩
- ケイジャンシーズニング 大さじ1＋小さじ1
- オリーブオイル 大さじ2
- みじん切りにしたピーマン $1/4$ カップ
- みじん切りセロリ 大さじ1
- ネギみじん切り 大さじ2
- ニンニク2片（みじん切り）
- 角切りトマト1缶（14.5オンス）、水気を切る
- 醤油 大さじ1
- 新鮮なパセリのみじん切り 大さじ1

豆腐を $1/2$ インチの厚さのスライスに切り、塩とケイジャンシーズニング大さじ1を両面にふりかけます。脇に置いておきましょう。

小さな鍋に油大さじ1を入れて中火で加熱します。ピーマンとセロリを加えます。蓋をして5分間調理します。ネギとニンニクを加え、蓋をせずにさらに1分間調理します。トマト、醤油、パセリ、残りの小さじ1杯のケイジャンスパイスブレンド、塩を加えて混ぜます。10分ほど煮て味をなじませ、置いておきます。

大きなフライパンに残りの大さじ1杯の油を中強火で加熱します。豆腐を加えて両面に焼き色がつくまで10分ほど焼きます。ソースを加えて5分間煮ます。すぐにお召し上がりください。

15. カリカリ豆腐の熱々ケイパーソース添え

4 回分が作れます

- 1 ポンドの木綿豆腐を水切りし、$^1/_4$ インチのスライスに切り、プレスします
- 塩と挽きたての黒胡椒
- オリーブオイル 大さじ 2、必要に応じて追加
- 中くらいのエシャロット 1 個（みじん切り）
- ケッパー 大さじ 2
- 新鮮なパセリのみじん切り 大さじ 3
- ビーガンマーガリン 大さじ 2
- レモン汁 1 個分

オーブンを 275°F に予熱します。豆腐を軽く叩いて水気を切り、塩、こしょうで味を調える。コーンスターチを浅いボウルに入れます。豆腐にコーンスターチをまぶし、両面をまぶします。

大きなフライパンに油大さじ 2 を中火で熱します。必要に応じて豆腐を数回に分けて加え、両面がきつね色になるまで片面約 4 分ずつ調理します。油揚げを耐熱皿に移し、オーブンで温めます。

同じフライパンに残りの油大さじ 1 を入れて中火で加熱します。エシャロットを加え、柔らかくなるまで約 3 分間煮ます。ケッパーとパセリを加えて 30 秒間調理し、マーガリン、レモン汁、塩コショウを加えて味を調え、かき混ぜて溶かし、マーガリンを加えます。豆腐にケッパーソースをかけて、すぐにお召し上がりください。

16. 田舎揚げ豆腐の黄金肉汁添え

4 回分が作れます

- 1 ポンドの木綿豆腐を水切りし、$^1/_2$ インチのスライスに切り、プレスします。
- 塩と挽きたての黒胡椒
- コーンスターチ $^1/3$ カップ
- オリーブオイル 大さじ 2
- 中程度の甘さの黄玉ねぎ 1 個（みじん切り）
- 中力粉 大さじ 2
- 乾燥タイム 小さじ 1
- ターメリック小さじ $^{1/8}$
- 野菜スープ 1 カップ（自家製（ライト野菜スープを参照）または市販品）
- 醤油 大さじ 1
- 茹でたひよこ豆または缶詰のひよこ豆 1 カップ（水気を切り、洗ったもの）
- 新鮮なパセリのみじん切り 大さじ 2（飾り用）

豆腐の水気を拭き取り、塩、こしょうで味を調える。コーンスターチを浅いボウルに入れます。豆腐にコーンスターチをまぶし、両面をまぶします。オーブンを 250°F に予熱します。

大きなフライパンに油大さじ 2 を中火で熱します。必要に応じて豆腐を数回に分けて加え、両面がきつね色になるまで約 10 分間調理します。油揚げを耐熱皿に移し、オーブンで温めます。

同じフライパンに残りの油大さじ 1 を入れて中火で加熱します。玉ねぎを加え、蓋をし、柔らかくなるまで 5 分間煮ます。蓋を外し、火を弱めます。小麦粉、タイム、ターメリックを加えて混ぜ、絶えずかき混ぜながら 1 分間調理します。だし汁をゆっくりと混ぜ、次に豆乳、醤油を加えます。ひよこ豆を加え、塩、こしょうで味を調える。頻繁にかき混ぜながら 2 分間調理を続けます。ブレンダーに移し、滑らかでクリーミーになるまで処理します。鍋に戻して熱くなるまで加熱し、ソースが濃すぎる場合はスープを少し加えます。豆腐にソースをかけてパセリを散らす。すぐにお召し上がりください。

17. 豆腐とアスパラのオレンジ添え

4 回分が作れます

- みりん 大さじ 2
- コーンスターチ 大さじ 1
- 木綿豆腐 1 パック（16 オンス）、水を切り、$^1/_4$ インチの細切りに切ります。
- 醤油 大さじ 2
- 煎りごま油 小さじ 1
- 砂糖 小さじ 1
- アジアンチリペースト 小さじ $^1/_4$
- キャノーラ油またはグレープシード油 大さじ 2
- ニンニク 1 片（みじん切り）
- 新生姜のみじん切り 小さじ $^1/_2$
- 5 オンスの細いアスパラガス、硬い端を切り落とし、1 $^1/_2$ インチの大きさに切ります。

浅いボウルにみりんとコーンスターチを入れ、よく混ぜます。豆腐を加えて軽く和えるように混ぜる。30 分間マリネします。

小さなボウルにオレンジジュース、醤油、ごま油、砂糖、チリソースを入れて混ぜます。脇に置いておきましょう。

大きなフライパンまたは中華鍋でキャノーラ油を中火で加熱します。にんにくと生姜を加え、香りが立つまで約 30 秒炒めます。マリネした豆腐とアスパラガスを加え、豆腐がきつね色になり、アスパラガスが柔らかくなるまで約 5 分間炒めます。ソースを加えて混ぜ、さらに 2 分ほど煮ます。すぐにお召し上がりください。

18. 豆腐のピッツァイオーラ

4 回分が作れます

- オリーブオイル 大さじ 2
- 木綿豆腐 1 パック（16 オンス）、水を切り、$1/2$ インチの スライスに切り、プレスします（ライトベジタブルブロスを参照）
- 塩
- ニンニク 3 片（みじん切り）
- 角切りトマト 1 缶（14.5 オンス）、水気を切る
- 油をたっぷり含んだサンドライトマト $1/4$ カップ、$1/4$ インチの細切りに切る
- ケッパー 大さじ 1
- 乾燥オレガノ 小さじ 1
- 砂糖 小さじ $1/2$
- 挽きたての黒コショウ
- 新鮮なパセリのみじん切り 大さじ 2（飾り用）

オーブンを 275°F に予熱します。大きめのフライパンに油大さじ 1 を中火で熱します。豆腐を加え、両面がきつね色になるまで一度裏返し、片面約 5 分ずつ焼きます。豆腐に塩をふりかけて味を整える。油揚げを耐熱皿に移し、オーブンで温めます。

同じフライパンに残りの油大さじ 1 を入れて中火で加熱します。ニンニクを加え、柔らかくなるまで約 1 分間煮ます。茶色にしないでください。角切りトマト、ドライトマト、オリーブ、ケッパーを加えて混ぜます。オレガノ、砂糖、塩、コショウを加えて味を調えます。ソースが熱くなり、味がよく混ざるまで約 10 分間煮ます。油揚げにソースをかけてパセリを散らします。すぐにお召し上がりください。

19. 豆腐「カ・パウ」

4 回分が作れます

- 1 ポンドの木綿豆腐を水切りし、軽く叩いて水気を切り、1 インチの立方体に切ります。
- 塩
- コーンスターチ 大さじ 2
- 醤油 大さじ 2
- ベジタリアンオイスターソース 大さじ 1
- ナッシング・フィッシー・ナンプラー 小さじ 2、または米酢 小さじ 1
- ライトブラウンシュガー 小さじ 1
- 赤唐辛子小さじ 1/2
- キャノーラ油またはグレープシード油 大さじ 2
- 中程度の甘さの黄玉ねぎ 1 個を半分に切り、$^1/_2$ インチのスライスに切ります。
- 中型の赤ピーマン、$^1/_4$ インチのスライスに切る
- ねぎ、みじん切り
- タイバジルの葉 1/2 カップ

中くらいのボウルに豆腐、塩（適量）、コーンスターチを入れて混ぜます。コーティングして脇に置きます。

小さなボウルに醤油、オイスターソース、ナンプラー、砂糖、砕いた赤唐辛子を入れて混ぜ合わせます。よくかき混ぜて混ぜ合わせ、脇に置きます。

大きなフライパンに油大さじ 1 を入れて中火にかけます。豆腐を加え、きつね色になるまで約 8 分間煮ます。フライパンから取り出して脇に置きます。

同じフライパンに残りの油大さじ1を入れて中火で加熱します。玉ねぎとピーマンを加え、柔らかくなるまで約5分間炒めます。ネギを加えてさらに1分煮ます。油揚げ、ソース、バジルを加え、熱くなるまで約3分間炒めます。すぐにお召し上がりください。

20. シチリア風豆腐

4 回分が作れます

- オリーブオイル 大さじ 2
- 1 ポンドの超木綿豆腐、水を切り、$1/4$ インチのスライスに切り、押します 塩と挽きたての黒コショウ
- 小さな黄玉ねぎ 1 個（みじん切り）
- ニンニク 2 片（みじん切り）
- 角切りトマト 1 缶（28 オンス）、水気を切る
- 辛口白ワイン $1/4$ カップ
- 砕いた赤唐辛子 小さじ $1/4$
- 種抜きカラマタオリーブ $1/3$ カップ
- ケッパー 大さじ $1\ 1/2$
- 刻んだフレッシュバジル 大さじ 2、または乾燥小さじ 1（オプション）

オーブンを 250°F に予熱します。大きめのフライパンに油大さじ 1 を中火で熱します。必要に応じて豆腐を数回に分けて加え、両面がきつね色になるまで片面あたり 5 分ずつ調理します。塩、黒胡椒で味を調えます。茹で上がった豆腐を耐熱皿に移し、オーブンで温めながらソースを作ります。

同じフライパンに残りの油大さじ 1 を入れて中火で加熱します。玉ねぎとにんにくを加え、蓋をし、玉ねぎが柔らかくなるまで 10 分間煮ます。トマト、ワイン、砕いた赤唐辛子を加えます。沸騰したら弱火にし、蓋をせずに 15 分間煮ます。オリーブとケッパーを加えて混ぜます。さらに 2 分間調理します。

豆腐を大皿または個別のお皿に盛り付けます。その上にソースをスプーンでかけます。あればフレッシュバジルをふりかけます。すぐにお召し上がりください。

21. タイフーン炒め

4 回分が作れます

- 1 ポンドの超木綿豆腐、水を切り、軽くたたく
- キャノーラ油またはグレープシード油 大さじ 2
- 中型のエシャロット、縦半分に切り、$1/8$ インチのスライスに切ります。
- ニンニク 2 片 （みじん切り）
- 新生姜のすりおろし 小さじ 2
- 3 オンスの白いキノコの傘を軽く洗い、軽くたたいて水気を切り、$1/2$ インチのスライスに切ります。
- クリーミーピーナッツバター 大さじ 1
- ライトブラウンシュガー 小さじ 2
- アジアンチリペースト 小さじ 1
- 醤油 大さじ 2
- みりん 大さじ 1
- 無糖ココナッツミルク 1 缶 （13.5 オンス）
- 6 オンスの刻んだ新鮮なほうれん草
- 煎りごま油 大さじ 1
- 炊きたてのご飯または麺を提供します
- 細かく刻んだ新鮮なタイバジルまたはコリアンダー 大さじ 2
- 砕いた無塩ローストピーナッツ 大さじ 2
- 結晶化生姜のみじん切り 小さじ 2 （お好みで）

豆腐を $1/2$ インチのサイコロ状に切り、脇に置きます。大きめのフライパンに油大さじ 1 を入れて熱し、中〜強火。豆腐を加え、きつね色になるまで約 7 分間炒めます。豆腐をフライパンから取り出し、置いておきます。

同じフライパンに残りの油大さじ 1 を入れて中火で加熱します。エシャロット、ニンニク、生姜、キノコを加え、柔らかくなるまで約 4 分間炒めます。

ピーナッツバター、砂糖、チリソース、醤油、みりんを加えて混ぜます。ココナッツミルクを加え、よく混ざるまで混ぜます。油揚げとほうれん草を加えて煮ます。火を中弱火に下げ、ほうれん草がしおれて味がよく混ざるまで、時々かき混ぜながら 5〜7 分間煮ます。ごま油を加えてさらに 1 分ほど煮ます。提供するには、お好みのご飯または麺の上に豆腐の混合物をスプーンで盛り、ココナッツ、バジル、ピーナッツ、結晶生姜を使用する場合はその上に置きます。すぐにお召し上がりください。

22. チポトレ絵付け焼き豆腐

4 回分が作れます

- 醤油 大さじ 2
- アドボ入りチポトレチリの缶詰 2 個
- オリーブオイル 大さじ 1
- 1 ポンドの木綿豆腐を水切りし、厚さ $\frac{1}{2}$ インチのスライスに切り、プレスします（ライトベジタブルブロスを参照）

オーブンを 375°F に予熱します。9 x 13 インチの天板に軽く油を塗り、脇に置きます。

フードプロセッサーで、醤油、チポトレ、油を混ぜ合わせ、混ざり合うまで処理します。チポトレ混合物をこすり落として小さなボウルに入れます。

チポトレ混合物を豆腐のスライスの両面に刷毛で塗り、用意しておいた型に一層に並べます。熱くなるまで約 20 分間焼きます。すぐにお召し上がりください。

23. 豆腐のタマリンドソース焼き

4 回分が作れます

- 1 ポンドの超木綿豆腐、水を切り、軽く叩いて水気を切る
- 塩と挽きたての黒胡椒
- オリーブオイル 大さじ 2
- 中くらいのエシャロット 2 個 （みじん切り）
- ニンニク 2 片 （みじん切り）
- 熟したトマト 2 個 （粗く刻む）
- ケチャップ 大さじ 2
- 水 $^{1/4}$ カップ_
- ディジョンマスタード 大さじ 2
- ダークブラウンシュガー 大さじ 1
- アガベの花蜜 大さじ 2
- タマリンド濃縮物 大さじ 2
- 濃糖蜜 大さじ 1
- カイエンペッパー 粉 小さじ $^{1/2}$
- スモークパプリカ 大さじ 1
- 醤油 大さじ 1

豆腐を 1 センチ幅に切り、塩、こしょうで味を調え、浅いフライパンに並べる。

大きな鍋に油を中火で熱します。エシャロットとニンニクを加え、2 分間炒めます。豆腐以外の残りの材料をすべて加えます。火を弱めて 15 分間煮ます。混合物をブレンダーまたはフードプロセッサーに移し、滑らかになるまで混ぜます。鍋に戻して 15 分ほど煮て、冷ましておきます。豆腐にソースをかけて冷蔵庫で 2 時間以上冷やします。グリルまたはブロイラーを予熱します。

漬け込み豆腐を裏返しながら焼き、両面にこんがりと焼き色を付ける。豆腐を焼いている間に、マリネ液を鍋で温めます。グリルから豆腐を取り出し、タマリンドソースを両面に刷毛で塗り、すぐにお召し上がりください。

24. 豆腐のクレソン詰め

4 回分が作れます

- 1 ポンドの木綿豆腐を水切りし、3/4 インチのスライスに切り、プレスします（ライトベジタブルブロスを参照）
- 塩と挽きたての黒胡椒
- クレソン 1 房（硬い茎を取り除き、みじん切りにする）
- 熟したプラムトマト 2 個（みじん切り）
- みじん切りネギ $^1/_2$ カップ
- 新鮮なパセリのみじん切り 大さじ 2
- みじん切りにしたフレッシュバジル 大さじ 2
- ニンニクのみじん切り 小さじ 1
- オリーブオイル 大さじ 2
- バルサミコ酢 大さじ 1
- 砂糖ひとつまみ
- 中力粉 $^1/_2$ カップ
- 水 $^1/_2$ カップ
- 乾燥した味付けされていないパン粉 1 $^1/_2$ カップ

豆腐の側面に長く深いポケットを切り込み、ベーキングシートの上に豆腐を置きます。塩、コショウで味を調え、置いておきます。

大きなボウルにクレソン、トマト、ネギ、パセリ、バジル、ニンニク、油大さじ 2、酢、砂糖、塩コショウを入れて混ぜます。よく混ぜ合わせたら豆腐のポケットに丁寧に詰めます。

小麦粉を浅いボウルに入れます。水を別の浅いボウルに注ぎます。大きな皿にパン粉を置きます。豆腐に小麦粉をまぶし、丁寧に水に浸し、パン粉をつけてしっかりとまぶします。

大きなフライパンに残りの大さじ 2 杯の油を中火で加熱します。豆腐をフライパンに加え、きつね色になるまで一度裏返し、片面 4〜5 分ずつ焼きます。すぐにお召し上がりください。

25. 豆腐のピスタチオザクロ添え

4 回分が作れます

- 1 ポンドの木綿豆腐を水切りし、$^1/_4$ インチのスライスに切り、プレスします（ライトベジタブルブロスを参照）
- 塩と挽きたての黒胡椒
- オリーブオイル 大さじ 2
- ザクロジュース $^1/_2$ カップ
- バルサミコ酢 大さじ 1
- ライトブラウンシュガー 大さじ 1
- ねぎ 2 本（みじん切り）
- 粗く刻んだ無塩の殻付きピスタチオ $^1/_2$ カップ
- 豆腐に塩、こしょうで味を調える。

大きなフライパンに油を中火で熱します。必要に応じて豆腐のスライスを数回に分けて加え、軽くきつね色になるまで片面約 4 分ずつ焼きます。フライパンから取り出して置いておきます。

同じフライパンにザクロ果汁、酢、砂糖、ネギを入れて中火で 5 分煮ます。ピスタチオの半分を加え、ソースが少し濃くなるまで約 5 分間煮ます。

油揚げをフライパンに戻し、沸騰するまで豆腐にソースをスプーンですくいながら、約 5 分間加熱します。残りのピスタチオを散らして、すぐにお召し上がりください。

26. スパイスアイランド豆腐

4 回分が作れます

- コーンスターチ $1/2$ カップ__
- タイムのみじん切り小さじ $1/2$、または乾燥タイム小さじ $1/4$
- だフレッシュマジョラム 小さじ 1/2、または乾燥マジョラム小さじ $1/4$
- 塩小さじ $1/2$__
- カイエン粉末小さじ $1/4$
- パプリカまたはスモークパプリカ小さじ $1/4$
- ライトブラウンシュガー小さじ $1/4$
- オールスパイス小さじ $1/8$
- 1 ポンドの木綿豆腐を水切りし、$1/2$ インチの細切りに切ります。
- キャノーラ油またはグレープシード油 大さじ 2
- 中くらいの赤ピーマン 1 個、$1/4$ インチの細切りに切る
- ねぎ 2 本（みじん切り）
- ニンニク 1 片（みじん切り）
- 種を取り、みじん切りにしたハラペーニョ 1 個
- 熟したプラムトマト 2 個（種を取り、みじん切りにする）
- 刻んだ生または缶詰のパイナップル 1 カップ
- 醤油 大さじ 2
- 水 $1/4$ カップ__
- 新鮮なライムジュース 小さじ 2
- 新鮮なパセリのみじん切り 大さじ 1（飾り用）

浅いボウルにコーンスターチ、タイム、マジョラム、塩、カイエンペッパー、パプリカ、砂糖、オールスパイスを入れて混ぜます。よく混ぜます。豆腐をスパイス混合物に浸し、すべての面にコーティングします。オーブンを250°F に予熱します。

大きなフライパンに油大さじ2を中火で熱します。必要に応じて、浚渫した豆腐を数回に分けて加え、きつね色になるまで片面約4分ずつ焼きます。油揚げを耐熱皿に移し、オーブンで温めます。

同じフライパンに残りの油大さじ1を入れて中火で加熱します。ピーマン、ネギ、ニンニク、ハラペーニョを加えます。蓋をして時々かき混ぜながら、柔らかくなるまで約10分間煮ます。トマト、パイナップル、醤油、水、ライムジュースを加え、混合物が熱くなって味が混ざるまで約5分間煮ます。野菜ミックスをスプーンでかけます 揚げ豆腐。パセリのみじん切りをふりかけ、すぐにお召し上がりください。

27. 生姜豆腐の海鮮ソース添え

4 回分が作れます

- 1 ポンドの木綿豆腐を水切りし、軽く叩いて水気を切り、$^1/_2$ インチの立方体に切ります。
- 醤油 大さじ 2
- コーンスターチ大さじ 2 と小さじ 1
- キャノーラ油またはグレープシード油 大さじ 1 と小さじ 1
- 煎りごま油 小さじ 1
- 新生姜のすりおろし 小さじ 2
- ねぎ、みじん切り
- 海鮮醤 $^1/_3$ カップ
- $^1/_2$ カップ、自家製（ライト野菜スープを参照）または市販品
- 新鮮なオレンジジュース $^1/_4$ カップ
- ライム ジュース大さじ 1 $^{1/2}$
- 新鮮なレモン汁 大さじ 1 $^{1/2}$
- 塩と挽きたての黒胡椒

豆腐を浅いボウルに入れます。醤油を加えて和え、コーンスターチ大さじ 2 をふりかけ、和える。
大きなフライパンにキャノーラ油大さじ 1 を入れて中火で加熱します。豆腐を加え、時々返しながらきつね色になるまで約 10 分間煮ます。豆腐を鍋から取り出し、脇に置きます。
同じフライパンに残りのキャノーラ油小さじ 1 とごま油を入れて中火で加熱します。生姜とネギを加え、香りが立つまで約 1 分間煮ます。海鮮醤、スープ、オレンジジュースを加えて混ぜ、沸騰させます。液体がわずかに減り、味が溶けるまで約 3 分間調理します。小さなボウルに残りの小さじ 1 杯のコーンスターチをライム汁とレモン汁と混ぜ合わせ、ソースに加え、少しとろみがつくまでかき混ぜます。塩とコショウで味を調えます。
油揚げをフライパンに戻し、ソースが絡まり火が通るまで炒める。すぐにお召し上がりください。

28. レモングラスとサヤエンドウの豆腐

4 回分が作れます

- キャノーラ油またはグレープシード油 大さじ 2
- 中くらいの赤玉ねぎ 1 個、半分に切って薄くスライスする
- ニンニク 2 片（みじん切り）
- 新生姜のすりおろし 小さじ 1
- 1 ポンドの木綿豆腐を水切りし、$^1/_2$ インチのサイコロ状に切ります。
- 醤油 大さじ 2
- みりんまたは酒 大さじ 1
- 砂糖 小さじ 1
- 赤唐辛子小さじ $^{1/2}$
- 4 オンスのサヤエンドウ（トリミング済み）
- レモングラスのみじん切り 大さじ 1、またはレモン 1 個の皮
- 粗く挽いた無塩のローストピーナッツ（飾り用）大さじ 2

大きなフライパンまたは中華鍋に油を入れ、中強火で加熱します。玉ねぎ、にんにく、生姜を加えて 2 分ほど炒めます。豆腐を加え、きつね色になるまで約 7 分間調理します。

しょうゆ、みりん、砂糖、みじん切り赤唐辛子を加えて混ぜます。サヤエンドウとレモングラスを加え、サヤエンドウがカリカリに柔らかくなり、味がよく混ざるまで約 3 分間炒めます。ピーナッツを飾り、すぐにお召し上がりください。

29. ダブルごま豆腐 タヒニソース添え

4 回分が作れます

- タヒニ（ゴマペースト） $^1/_2$ カップ
- 新鮮なレモン汁 大さじ 2
- 醤油 大さじ 2
- 水 大さじ 2
- 白ごま $^{1/4}$ カップ
- 黒ごま $^{1/4}$ カップ
- コーンスターチ $^{1/2}$ カップ
- 1 ポンドの木綿豆腐を水切りし、軽く叩いて水気を切り、$^1/_2$ インチの細片に切ります。
- 塩と挽きたての黒胡椒
- キャノーラ油またはグレープシード油 大さじ 2

小さなボウルにタヒニ、レモン汁、醤油、水を入れてよく混ぜます。脇に置いておきましょう。

浅いボウルに白胡麻、黒胡麻、コーンスターチを入れて混ぜ合わせます。豆腐に塩、こしょうで味を調える。脇に置いておきましょう。

大きなフライパンに油を中火で熱します。豆腐をゴマの混合物によくコーティングされるまで入れ、熱したフライパンに加え、必要に応じて裏返しながら、片面 3〜4 分、全体が茶色になってカリカリになるまで調理します。種を焦がさないように注意してください。タヒニソースをかけて、すぐにお召し上がりください。

30. 豆腐と枝豆のシチュー

4 回分が作れます

- オリーブオイル 大さじ 2
- 中くらいの黄玉ねぎ 1 個、みじん切りにする
- みじん切りセロリ $1/2$ カップ
- ニンニク 2 片 （みじん切り）
- 中型のユーコンゴールドポテト 2 個、皮をむき、$1/2$ インチの
  サイコロ状に切ります。
- 殻をむいた生または冷凍枝豆 1 カップ
- 皮をむき、角切りにしたズッキーニ 2 カップ
- 冷凍ベビーピース $1/2$ カップ
- 乾燥セイボリー 小さじ 1
- 砕いた乾燥 セージ 小さじ $1/2$
- カイエン 粉末 小さじ $1/8$
- $1 1/2$ カップ （自家製（ライト野菜スープを参照）または
  市販の塩と挽きたての黒コショウ）
- 1 ポンドの木綿豆腐を水切りし、軽く叩いて水気を切り、$1/2$ インチのサイコロ状に切ります。
- 新鮮なパセリのみじん切り 大さじ 2

大きな鍋に油大さじ 1 を中火で熱します。玉ねぎ、セロリ、
ニンニクを加えます。蓋をして柔らかくなるまで約 10 分間
煮ます。ジャガイモ、枝豆、ズッキーニ、エンドウ豆、セイボ
リー、セージ、カイエンペッパーを加えて混ぜます。だし汁を加
えて沸騰させます。火を弱め、塩、こしょうで味を調えます。
蓋をして、野菜が柔らかくなり味がなじむまで約 40 分間
煮ます。

大きなフライパンに残りの大さじ 1 杯の油を中強火で加熱
します。豆腐を加え、きつね色になるまで約 7 分間調理し
ます。塩、コショウで味を調え、置いておきます。シチューが
炊き上がる約 10 分前に油揚げとパセリを加えます。味見
をし、必要に応じて調味料を調整し、すぐにお召し上がりく
ださい。

31. ソイタンドリームカツレツ

6 食分が作れます

- 木綿豆腐 10 オンス（水切りして砕いたもの）
- 醤油 大さじ 2
- スイート パプリカ 小さじ 1/4
- オニオン パウダー 小さじ 1/4
- ガーリック パウダー 小さじ 1/4
- 挽きたての黒 胡椒 小さじ 1/4
- 小麦グルテン粉（バイタル小麦グルテン） 1 カップ
- オリーブオイル 大さじ 2

フードプロセッサーで、豆腐、醤油、パプリカ、オニオンパウダー、ガーリックパウダー、コショウ、小麦粉を混ぜます。よく混ざるまで処理します。混合物を平らな作業台に移し、円柱の形に成形します。混合物を 6 等分し、厚さ 1/4 インチ以下の非常に薄いカツレツに平らにします。(これを行うには、各カツレツを 2 枚のワックス紙、フィルムラップ、またはクッキングシートの間に置き、麺棒で平らに伸ばします。)

大きなフライパンに油を中火で熱します。必要に応じてカツレツを数回に分けて加え、蓋をし、両面にきれいな焼き色がつくまで片面あたり 5〜6 分ずつ焼きます。カツレツはレシピに使用するか、ソースをかけてすぐに提供する準備ができています。

32. マイ・カインダ・ミート・ローフ

4〜6人前が作れます

- オリーブオイル 大さじ2
- 玉ねぎのみじん切り $2/3$ カップ
- ニンニク2片（みじん切り）
- 1ポンドの超木綿豆腐、水を切り、軽く叩いて水気を切る
- ケチャップ 大さじ2
- タヒニ（胡麻ペースト）またはクリーミーなピーナッツバター 大さじ2
- 醤油 大さじ2
- すりつぶしたクルミ $1/2$ カップ
- オールドファッションオーツ 1カップ
- 小麦グルテン粉（バイタル小麦グルテン） 1カップ
- 新鮮なパセリのみじん切り 大さじ2
- 塩 小さじ $1/2$
- スイートパプリカ小さじ $1/2$
- 挽きたての黒胡椒小さじ $1/4$

オーブンを375°Fに予熱します。9インチのパン型に軽く油を塗り、脇に置きます。大きめのフライパンに油大さじ1を中火で熱します。玉ねぎとにんにくを加え、蓋をし、柔らかくなるまで5分間煮ます。

フードプロセッサーに豆腐、ケチャップ、タヒニ、醤油を入れて滑らかになるまで混ぜます。取っておいた玉ねぎ混合物と残りの材料をすべて加えます。よく混ざるまでパルスしますが、多少のテクスチャーが残ります。

混合物を準備した鍋にこすり落とします。混合物を鍋にしっかりと押し込み、上部を滑らかにします。しっかりとしたきつね色になるまで約1時間焼きます。スライスする前に10分間放置します。

33. とってもバニラなフレンチトースト

4回分が作れます

木綿豆腐 1 パック（12 オンス）、水切り
豆乳 1 $^{1/2}$ カップ
コーンスターチ 大さじ 2
キャノーラ油またはグレープシード油 大さじ 1
砂糖 小さじ 2
バニラエキス小さじ 1 $^{1/2}$
塩小さじ $^{1/4}$
一日経過したイタリアパン 4 枚
キャノーラ油またはグレープシード油（揚げ物用）

オーブンを 225°F に予熱します。ミキサーまたはフードプロセッサーで、豆腐、豆乳、コーンスターチ、油、砂糖、バニラ、塩を混ぜ合わせ、滑らかになるまで混ぜます。

生地を浅いボウルに注ぎ、パンを生地に浸し、裏返して両面に塗ります。

グリドルまたは大きなフライパンで、油の薄い層を中火で加熱します。フレンチトーストを熱した鉄板に置き、両面がきつね色になるまで一度裏返し、片面あたり 3〜4 分焼きます。

焼きあがったフレンチトーストを耐熱皿に移し、オーブンで温めながら残りを焼きます。

34. セサミソイ ブレックファスト スプレッド

約 1 カップ分になります

柔らかい豆腐 $^1/_2$ カップ（水気を切り、軽く叩いて水気を切る）
タヒニ（胡麻ペースト） 大さじ 2
ニュートリショナルイースト 大さじ 2
新鮮なレモン汁 大さじ 1
亜麻仁油 小さじ 2
煎りごま油 小さじ 1
塩 小さじ $^{1/2}$

ブレンダーまたはフードプロセッサーですべての材料を混ぜ合わせ、滑らかになるまで混ぜます。混合物をこすって小さなボウルに移し、蓋をして数時間冷蔵庫で冷やし、風味を深めます。適切に保存すれば、最長 3 日間保存できます。

35. オーロラソース付きラジエーター

4 回分が作れます

- オリーブオイル 大さじ 1
- ニンニク 3 片（みじん切り）
- ネギ 3 本（みじん切り）
- (28 オンス) クラッシュトマト缶
- 乾燥バジル 小さじ 1
- 乾燥マジョラム小さじ 1/2
- 塩 小さじ 1
- 挽きたての黒胡椒小さじ 1/4
- ビーガンクリームチーズまたは水切り豆腐 $^1/_3$ カップ
- 1 ポンドのラジアトーレまたはその他の小さな形をしたパスタ
- 新鮮なパセリのみじん切り 大さじ 2（飾り用）

大きな鍋に油を中火で熱します。ニンニクとネギを加え、香りが出るまで 1 分間炒めます。トマト、バジル、マジョラム、塩、コショウを加えて混ぜます。ソースを沸騰させ、弱火にして時々かき混ぜながら 15 分間煮ます。

フードプロセッサーでクリームチーズを滑らかになるまで混ぜます。トマトソース 2 カップを加え、滑らかになるまで混ぜます。豆腐とトマトの混合物をこすり落としてトマトソースの入った鍋に戻し、かき混ぜて混ぜます。味を見て、必要に応じて調味料を調整します。弱火で温めてください。

沸騰した塩水を入れた大きな鍋で、パスタを中火にかけ、時々かき混ぜながらアルデンテになるまで約 10 分間茹でます。水をよく切り、大きめのボウルに移します。ソースを加えて軽く混ぜ合わせます。パセリを散らして、すぐにお召し上がりください。

36. クラシック豆腐ラザニア

6 食分が作れます

- 12 オンスのラザニアヌードル
- 木綿豆腐 1 ポンド（水切りして砕いたもの）
- 1 ポンドの柔らかい豆腐、水を切り、砕いたもの
- ニュートリショナルイースト 大さじ 2
- 新鮮なレモン汁 小さじ 1
- 塩 小さじ 1
- 挽きたての黒胡椒小さじ 1/4
- 新鮮なパセリのみじん切り 大さじ 3
- ビーガンパルメザンチーズまたはパルマシオ 1/2 カップ
- マリナラソース 4 カップ（自家製（マリナラソースを参照）または市販のもの）

沸騰した塩水の入った鍋で、麺を中火にかけ、時々かき混ぜながらアルデンテになるまで約 7 分間茹でます。オーブンを 350°F に予熱します。大きめのボウルに木綿豆腐と柔らかい豆腐を入れて混ぜ合わせます。ニュートリショナルイースト、レモン汁、塩、コショウ、パセリ、パルメザンチーズ 1/4 カップを加えます。よく混ざるまで混ぜます。

トマトソースの層をスプーンで 9×13 インチのグラタン皿の底に注ぎます。その上に茹でた麺の層を乗せます。豆腐混合物の半分を麺の上に均等に広げます。別の麺の層、続いてソースの層を繰り返します。残りの豆腐をソースの上に広げ、最後に麺とソースをかけて完成です。残りの 1/4 カップのパルメザンチーズを振りかけます。ソースが残っている場合は保存し、ラザニアと一緒にボウルに入れて熱いうちにお召し上がりください。

ホイルで覆い、45 分間焼きます。蓋を外してさらに 10 分焼きます。食べる前に 10 分間放置してください。

37. レッドチャードとほうれん草のラザニア

6 食分が作れます

- 12 オンスのラザニアヌードル
- オリーブオイル 大さじ 1
- ニンニク 2 片 （みじん切り）
- 8 オンスの新鮮なレッドチャード、硬い茎を取り除き、粗く刻む
- 9 オンスの新鮮なベビーほうれん草、粗く刻んだ
- 木綿豆腐 1 ポンド （水切りして砕いたもの）
- 1 ポンドの柔らかい豆腐、水を切り、砕いたもの
- ニュートリショナルイースト 大さじ 2
- 新鮮なレモン汁 小さじ 1
- 新鮮な平葉パセリのみじん切り 大さじ 2
- 塩 小さじ 1
- 挽きたての黒胡椒 小さじ 1/4
- 3 1/2カップ （自家製または市販品）

沸騰した塩水の入った鍋で、麺を中火にかけ、時々かき混ぜながらアルデンテになるまで約 7 分間茹でます。オーブンを 350°F に予熱します。

大きな鍋に油を中火で熱します。にんにくを加えて香りが立つまで炒めます。フダンソウを加え、しおれるまでかき混ぜながら約 5 分間調理します。ほうれん草を加え、しおれるまでかき混ぜながらさらに約 5 分間調理を続けます。蓋をして柔らかくなるまで約 3 分間煮ます。蓋を外し、冷ますために置いておきます。手に取れるくらい冷めたら、野菜に残っている水分を取り除き、大きなスプーンで野菜を押し当てて余分な水分を絞り出します。大きなボウルに野菜を入れます。豆腐、ニュートリショナルイースト、レモン汁、パセリ、塩、コショウを加えます。よく混ざるまで混ぜます。

トマトソースの層をスプーンで9×13インチのグラタン皿の底に注ぎます。その上に麺の層を置きます。豆腐混合物の半分を麺の上に均等に広げます。さらに麺の層とソースの層を繰り返します。残りの豆腐混合物をソースの上に広げ、最後の層に麺、ソース、そしてパルメザンチーズをかけて完成します。

ホイルで覆い、45分間焼きます。蓋を外してさらに10分焼きます。食べる前に10分間放置してください。

38. ロースト野菜のラザニア

6 食分が作れます

- ¹/₄ インチのスライスに切る
- ¹/₄ インチのスライスに切る
- 赤ピーマン 中 1 個（角切り）
- オリーブオイル 大さじ 2
- 塩と挽きたての黒胡椒
- 8 オンスのラザニアヌードル
- 木綿豆腐 1 ポンド（水気を切り、軽く叩いて水気を切り、砕いたもの）
- 1 ポンドの柔らかい豆腐、水を切り、軽く叩いて水気を切り、砕いたもの
- ニュートリショナルイースト 大さじ 2
- 新鮮な平葉パセリのみじん切り 大さじ 2
- 3 ¹/₂ カップ（自家製（マリナラソースを参照）または市販のもの）

オーブンを 425°F に予熱します。軽く油を塗った 9 x 13 インチの天板にズッキーニ、ナス、ピーマンを広げます。油を回しかけ、塩、黒胡椒で味を調えます。野菜を柔らかく軽く茶色になるまで約 20 分間ローストします。オーブンから取り出し、冷ますために置いておきます。オーブンの温度を 350°F に下げます。

沸騰した塩水の入った鍋で、麺を中火にかけ、時々かき混ぜながらアルデンテになるまで約 7 分間茹でます。水を切って脇に置きます。大きめのボウルに豆腐とニュートリショナルイースト、パセリ、塩コショウを入れて混ぜ合わせます。よく混ぜます。

組み立てるには、9 x 13 インチのグラタン皿の底にトマトソースの層を広げます。ソースの上に麺の層を乗せます。麺の上にローストした野菜の半分を乗せ、豆腐の混合物の

半分を野菜の上に広げます。これを繰り返して麺を重ね、
さらにソースをかけます。残りの野菜と豆腐を混ぜたものを
重ねて重ね、最後に麺とソースを重ねます。上にパルメザン
チーズをふりかけます。

蓋をして 45 分間焼きます。蓋を外してさらに 10 分焼きま
す。オーブンから取り出し、カットする前に 10 分間放置しま
す。

39. ラディッキオとキノコのラザニア

6 食分が作れます

- オリーブオイル 大さじ 1
- ニンニク 2 片 （みじん切り）
- 小さな頭のラディッキオ 1 個 （細切り）
- 8 オンスのクレミニマッシュルームを軽く洗い、軽く叩いて水気を切り、薄くスライスします。
- 塩と挽きたての黒胡椒
- 8 オンスのラザニアヌードル
- 木綿豆腐 1 ポンド （水気を切り、軽く叩いて水気を切り、砕いたもの）
- 1 ポンドの柔らかい豆腐、水を切り、軽く叩いて水気を切り、砕いたもの
- ニュートリショナルイースト 大さじ 3
- 新鮮なパセリのみじん切り 大さじ 2
- マリナラソース 3 カップ （自家製 （マリナラソースを参照） または市販のもの）

大きなフライパンに油を中火で熱します。ニンニク、ラディッキオ、キノコを加えます。蓋をして時々かき混ぜながら、柔らかくなるまで約 10 分間煮ます。塩、こしょうで味を調え、置いておく

沸騰した塩水の入った鍋で、麺を中火にかけ、時々かき混ぜながらアルデンテになるまで約 7 分間茹でます。水を切って脇に置きます。オーブンを 350°F に予熱します。

大きめのボウルに木綿豆腐と柔らかい豆腐を入れて混ぜ合わせます。ニュートリショナルイーストとパセリを加え、よく混ざるまで混ぜます。ラディッキオとキノコの混合物を混ぜ、塩とコショウで味を調えます。

トマトソースの層をスプーンで 9×13 インチのグラタン皿の底に注ぎます。その上に麺の層を置きます。豆腐混合物の半分を麺の上に均等に広げます。別の麺の層、続いてソースの層を繰り返します。残りの豆腐を上に広げ、最後に麺とソースを乗せて完成です。上に砕いたクルミを振りかけます。

ホイルで覆い、45 分間焼きます。蓋を外してさらに 10 分焼きます。食べる前に 10 分間放置してください。

40. ラザニア プリマベーラ

6〜8 人前が作れます

- 8 オンスのラザニアヌードル
- オリーブオイル 大さじ 2
- 小さな黄玉ねぎ 1 個（みじん切り）
- ニンニク 3 片（みじん切り）
- 6 オンスの絹ごし豆腐（水切り）
- 普通の無糖豆乳 3 カップ
- ニュートリショナルイースト 大さじ 3
- ナツメグ 粉末 小さじ $1/8$
- 塩と挽きたての黒胡椒
- 刻んだブロッコリーの小花 2 カップ
- にんじん中 2 本（みじん切り）
- 小さなズッキーニ 1 個、縦半分または 4 等分にし、$1/4$ インチのスライスに切ります。
- 赤ピーマン 中 1 個（みじん切り）
- 2 ポンドの木綿豆腐、水気を切り、軽くたたいて水気を切る
- 新鮮な平葉パセリのみじん切り 大さじ 2
- ビーガンパルメザンチーズまたはパルマシオ $1/2$ カップ
- アーモンドまたは松の実 $1/2$ カップ

オーブンを 350°F に予熱します。沸騰した塩水の入った鍋で、麺を中火にかけ、時々かき混ぜながらアルデンテになるまで約 7 分間茹でます。水を切って脇に置きます。

小さなフライパンに油を中火で熱します。玉ねぎとにんにくを加え、蓋をし、柔らかくなるまで約 5 分間煮ます。玉ねぎ混合物をブレンダーに移します。絹ごし豆腐、豆乳、ニュートリショナルイースト、ナツメグ、塩コショウを加えて味を調えます。滑らかになるまでブレンドし、置いておきます。

ブロッコリー、ニンジン、ズッキーニ、ピーマンを柔らかくなるま
で蒸します。暑さから削除。木綿豆腐を大きめのボウルに
崩して入れます。パセリとパルメザンチーズ 1/4 カップを加え、塩で味を
調え_{ます}。2 つのキーをペッパーします。よく混ざるまで混ぜます。
蒸し野菜を加えてよく混ぜ、必要に応じて塩とコショウを追
加します。

軽く油を塗った 9×13 インチのグラタン皿の底に、ホワイト
ソースの層をスプーンで注ぎます。その上に麺の層を置きま
す。豆腐と野菜を混ぜた半分を麺の上に均等に広げます。
麺の層をもう 1 層繰り返し、続いてソースの層を重ねます。
残りの豆腐混合物を上に広げ、最後の層の麺とソースで
仕上げ、最後に残りの 1/4 カップのパルメザンチーズで^{終わり}
ます。ホイルで覆い、45 分間焼きます

41.黒豆とかぼちゃのラザニア

6～8 人前が作れます

- ラザニア麺 12 個
- オリーブオイル 大さじ 1
- 中くらいの黄玉ねぎ 1 個、みじん切りにする
- 赤ピーマン 中 1 個（みじん切り）
- ニンニク 2 片（みじん切り）
- 1 $\frac{1}{2}$ カップ、または水切りしてすすいだ黒豆 1 缶（15.5 オンス）
- (14.5 オンス) クラッシュトマト缶
- チリパウダー 小さじ 2
- 塩と挽きたての黒胡椒
- 木綿豆腐 1 ポンド（よく水切り）
- 新鮮なパセリまたはコリアンダーのみじん切り 大さじ 3
- かぼちゃピューレ 1 缶（16 オンス）
- トマトサルサ 3 カップ（自家製（フレッシュトマトサルサを参照）または市販品）

沸騰した塩水の入った鍋で、麺を中火にかけ、時々かき混ぜながらアルデンテになるまで約 7 分間茹でます。水を切って脇に置きます。オーブンを 375°F に予熱します。

大きなフライパンに油を中火で熱します。玉ねぎを加えて蓋をし、しんなりするまで煮ます。ピーマンとニンニクを加え、柔らかくなるまでさらに 5 分間煮ます。豆、トマト、小さじ 1 杯のチリパウダー、塩、黒コショウを加えて混ぜます。よく混ぜて置いておきます。

大きなボウルに豆腐、パセリ、残りの小さじ 1 杯のチリパウダー、塩、黒コショウを入れて混ぜます。脇に置いておきま

しょう。中くらいのボウルにカボチャとサルサを入れ、よく混ぜ合わせます。塩とコショウで味を調えます。

約 3/4 カップのカボチャ混合物を 9×13 インチのグラタン皿の底に広げます。麺 4 本を乗せます。その上に豆の混合物の半分を乗せ、続いて豆腐の混合物の半分を乗せます。その上に麺 4 本を乗せ、その上にカボチャの混合物を重ね、その上に残りの豆の混合物を乗せ、その上に残りの麺を乗せます。残りの豆腐混合物を麺の上に広げ、続いて残りのかぼちゃ混合物を鍋の端まで広げます。

ホイルで覆い、熱く泡立つまで約 50 分間焼きます。蓋を開け、カボチャの種を散らし、食べる前に 10 分間放置します。

42.フダンソウ詰めのマニコッティ

4 回分が作れます

- 12 マニコッティ
- オリーブオイル 大さじ 3
- 玉ねぎ（みじん切り）1 個
- スイスチャードの中束 1 個、硬い茎を切り落としてみじん切りにする
- 木綿豆腐 1 ポンド（水切りして砕いたもの）
- 塩と挽きたての黒胡椒
- 生カシューナッツ 1 カップ
- 普通の無糖豆乳 3 カップ
- ナツメグ 粉末 小さじ $1/8$
- カイエン 粉末 小さじ $1/8$
- 味付けしていない乾燥パン粉 1 カップ

オーブンを 350°F に予熱します。9 x 13 インチのグラタン皿に軽く油を塗り、脇に置きます。

沸騰した塩水の入った鍋で、時々かき混ぜながらマニコッティを中火にかけ、アルデンテになるまで約 8 分間調理します。水をよく切り、冷水にさらします。脇に置いておきましょう。

大きめのフライパンに油大さじ 1 を中火で熱します。玉ねぎを加えて蓋をし、しんなりするまで 5 分ほど煮る。フダンソウを加え、蓋をし、時々かき混ぜながらフダンソウが柔らかくなるまで約 10 分間煮ます。火から下ろし、豆腐を加えてよく混ぜます。塩、コショウで味を整えて、置いておきます。

ミキサーまたはフードプロセッサーでカシューナッツを粉末にします。豆乳 1 1/2 カップ、ナツメグ、カイエンペッパー、塩を加えて味を調えます。滑らかになるまでブレンドします。残りの豆

乳 1 1/2 カップを加え、クリーム状になるまで混ぜます。味を見て、必要に応じて調味料を調整します。

準備したグラタン皿の底にソースの層を広げます。1/3 カップ程度詰めます。マニコッティにチャードを詰める。詰めたマニコッティをグラタン皿に一層に並べます。残りのソースをマニコッティの上にスプーンでかけます。小さなボウルにパン粉と残りの油大さじ 2 を入れて混ぜ、マニコッティの上にふりかけます。ホイルで覆い、熱く泡立つまで約 30 分間焼きます。すぐにお召し上がりください

43.ほうれん草マニコッティ

4 回分が作れます

- 12 マニコッティ
- オリーブオイル 大さじ 1
- 中くらいのエシャロット 2 個 （みじん切り）
- 解凍した冷凍みじん切りほうれん草 2 パック （10 オンス）
- 豆腐 1 ポンド （水切りして砕いたもの）
- ナツメグ_{粉末} 小さじ 1/4
- 塩と挽きたての黒胡椒
- ローストしたクルミ 1 カップ
- 豆腐 1 カップ （水切りして砕いたもの）
- ニュートリショナルイースト $^1/_{4\,カップ}$
- 普通の無糖豆乳 2 カップ
- 乾燥パン粉 1 カップ

オーブンを 350°F に予熱します。9 x 13 インチのグラタン皿に軽く油を塗ります。沸騰した塩水の入った鍋で、時々かき混ぜながらマニコッティを中火にかけ、アルデンテになるまで約 10 分間調理します。水をよく切り、冷水にさらします。脇に置いておきましょう。

大きなフライパンに油を中火で熱します。エシャロットを加え、柔らかくなるまで約 5 分間煮ます。ほうれん草を絞って水分をできるだけ取り除き、エシャロットに加えます。ナツメグ、塩、コショウで味を調え、かき混ぜながら 5 分間調理し、味をブレンドします。木綿豆腐を加えてよく混ぜます。脇に置いておきましょう。

フードプロセッサーでクルミを細かく粉砕します。豆腐、栄養イースト、豆乳、塩、コショウを加えて味を調えます。滑らかになるまで加工します。

準備しておいたグラタン皿の底にクルミソースの層を広げます。マニコッティに詰め物を詰めます。詰めたマニコッティをグラタン皿に一層に並べます。残ったソースをスプーンでかけていただきます。ホイルで覆い、熱くなるまで約 30 分間焼きます。蓋を外し、パン粉をまぶし、表面に軽く焼き色がつくまでさらに 10 分焼きます。すぐにお召し上がりください

44.ラザニア風車

4 回分が作れます

- ラザニア麺 12 個
- 軽くパックした新鮮なほうれん草 4 カップ
- 調理済みまたは缶詰の白インゲン豆 1 カップ（水気を切り、すすいでください）
- 木綿豆腐 1 ポンド（水気を切り、軽くたたいて水気を切る）
- 塩 小さじ $^{1/2}$ _
- 挽きたての黒 胡椒 小さじ $^{1/4}$
- ナツメグ 粉末 小さじ $^{1/8}$
- マリナラソース 3 カップ（自家製（マリナラソースを参照）または市販のもの）

オーブンを 350°F に予熱します。沸騰した塩水の入った鍋で、麺を中火にかけ、時々かき混ぜながらアルデンテになるまで約 7 分間茹でます。

ほうれん草を電子レンジ対応の皿に大さじ 1 の水とともに入れます。蓋をして、しおれるまで電子レンジで 1 分加熱します。ボウルから取り出し、残った液体を絞ります。ほうれん草をフードプロセッサーに移し、パルス状に刻みます。豆、豆腐、塩、コショウを加え、よく混ざるまで混ぜます。脇に置いておきましょう。

風車を組み立てるには、麺を平らな作業面に置きます。豆腐とほうれん草の混合物を大さじ 3 杯ほどずつ麺の表面に塗り、巻きます。残りの材料で繰り返します。浅いキャセロール皿の底にトマトソースの層を広げます。ロールをソースの上に直立させて置き、残りのソースの一部をスプーンで各風車の上に置きます。ホイルで覆い、30 分間焼きます。すぐにお召し上がりください。

45.エンドウ豆入りかぼちゃのラビオリ

4 回分が作れます

- かぼちゃピューレ缶詰 1 カップ
- 木綿豆腐 $^1/_2$ カップ （よく水を切り、崩しておく）
- 新鮮なパセリのみじん切り 大さじ 2
- ナツメグをつまむ
- 塩と挽きたての黒胡椒
- 卵不使用のパスタ生地レシピ 1 件
- 中くらいのエシャロット 2 ～ 3 個を縦半分に切り、$^1/_4$ インチのスライスに切ります。
- 解凍した冷凍ベビーピース 1 カップ

ペーパータオルを使ってカボチャと豆腐から余分な水分を吸い取り、栄養酵母、パセリ、ナツメグ、塩コショウと合わせてフードプロセッサーで味を調えます。脇に置いておきましょう。

ラビオリを作るには、軽く打ち粉をした台の上でパスタ生地を薄く伸ばします。生地を切り分けます

幅 2 インチのストリップ。小さじ山盛り 1 杯の詰め物を 1 本のパスタストリップの上に、上から約 1 インチのところに置きます。小さじ 1 杯のもう 1 杯の具材をパスタストリップの上に置き、最初のスプーン 1 杯の具材の約 1 インチ下に置きます。生地ストリップ全体に沿ってこれを繰り返します。生地の端を水で軽く濡らし、2 枚目のパスタを最初のパスタの上に置き、詰め物を覆います。2 層の生地をフィリングの部分の間に押し込みます。ナイフを使って生地の側面を整えてまっすぐにし、各詰め物の間の生地を横切って四角いラビオリを作ります。密封する前に、充填物の周りのエア

ポケットを必ず押し出してください。フォークの歯を使って生地の端に沿って押し、ラビオリを密閉します。ラビオリを打ち粉をした皿に移し、残りの生地とソースで繰り返します。脇に置いておきましょう。

大きなフライパンに油を中火で熱します。エシャロットを加え、時々かき混ぜながら、エシャロットが濃い黄金色になるが焦げないまで、約15分間煮ます。エンドウ豆を加えてかき混ぜ、塩、コショウで味を調えます。非常に弱火で保温してください。

大きな鍋に沸騰した塩水を入れ、ラビオリが浮き上がるまで約5分間茹でます。よく水を切り、エシャロットとエンドウ豆の入った鍋に移します。1～2分間調理して味を混ぜ合わせたら、大きなボウルに移します。たっぷりの胡椒で味付けし、すぐにお召し上がりください。

46.アーティチョークとクルミのラビオリ

4回分が作れます

- $^1/_3$ カップとオリーブオイル大さじ 2
- ニンニク 3 片（みじん切り）
- 冷凍ほうれん草 1 パック（10 オンス）、解凍して絞って乾燥させたもの
- 解凍して刻んだ冷凍アーティチョークの芯 1 カップ
- 木綿豆腐 $^1/_3$ カップ（水切りして砕いたもの）
- ローストしたクルミ 1 カップ
- ぎっしり詰まった新鮮なパセリ $^1/_4$ カップ
- 塩と挽きたての黒胡椒
- 卵不使用のパスタ生地レシピ 1 件
- 新鮮なセージの葉 12 枚

大きなフライパンに油大さじ 2 を中火で熱します。ニンニク、ほうれん草、アーティチョークの芯を加えます。蓋をして、ニンニクが柔らかくなり、液体が吸収されるまで、時々かき混ぜながら約 3 分間煮ます。混合物をフードプロセッサーに移します。豆腐、くるみ 1/4 カップを加え、パセリ、塩、コショウで味を調えます。みじん切りにして完全に混合するまで処理します。

冷ますために置いておきます。

軽く打ち粉をした表面で生地を非常に薄く（約 $^1/_8$ インチ）伸ばし、それを 2 インチ幅のストリップに切ります。小さじ山盛り 1 杯の詰め物をパスタストリップの上、上から約 1 インチのところに置きます。別の小さじ 1 杯の具をパスタストリップの上に置き、最初のスプーン 1 杯の具の約 1 インチ下に置きます。生地ストリップ全体に沿ってこれを繰り返します。

生地の端を水で軽く濡らし、2 枚目のパスタを最初のパスタの上に置き、詰め物を覆います。

2 層の生地をフィリングの部分の間に押し込みます。ナイフを使って生地の側面を整えてまっすぐにし、各詰め物の間の生地を横切って四角いラビオリを作ります。フォークの歯を使って生地の端に沿って押し、ラビオリを密閉します。ラビオリを打ち粉をした皿に移し、残りの生地とフィリングを同様に繰り返します。

沸騰した塩水を入れた大きな鍋でラビオリを浮き上がるまで約 7 分間茹でます。よく水を切り、脇に置きます。大きなフライパンに残りの 1/3 カップの油を中火で加熱します。追加セージと残りの 3/4 カップのクルミを加え、セージがカリカリになりクルミの香りが立つまで煮ます。
調理したラビオリを加え、軽くかき混ぜながらソースを絡め、加熱します。すぐにお召し上がりください。

47.トルテッリーニ オレンジソース添え

4 回分が作れます

- オリーブオイル 大さじ 1
- ニンニク 3 片 （細かくみじん切り）
- 木綿豆腐 1 カップ （水切りして崩しておく）
- 新鮮なパセリのみじん切り ¾ カップ
- ビーガンパルメザンチーズまたはパルマシオ $1/4$ カップ
- 塩と挽きたての黒胡椒
- 卵不使用のパスタ生地レシピ 1 件
- 2 $1/2$ カップ、自家製 （マリナラソースを参照）、または市販のオレンジの皮 1 個
- 赤唐辛子小さじ $1/2$
- 豆乳クリーマーまたは無糖豆乳 $1/2$ カップ

大きなフライパンに油を中火で熱します。ニンニクを加え、柔らかくなるまで約 1 分間煮ます。豆腐、パセリ、パルメザンチーズ、塩、黒コショウを加えて混ぜ、味を調えます。よく混ざるまで混ぜます。冷ますために置いておきます。

トルテッリーニを作るには、生地を薄く （約 $1/8$ インチ） 伸ばし、2 $1/2$ インチの正方形に切ります。場所

中心から少しずらしたところに小さじ 1 杯の詰め物を置き、四角いパスタの角の 1 つを詰め物の上に折り、三角形を形成します。端を一緒に押してシールし、三角形を中心点を下にして人差し指の周りに巻き、端を押してくっつけます。三角形の先端を折り、指からスライドさせます。軽く打ち粉をした皿に置いておき、残りの生地と詰め物を続けます。

大きな鍋にマリナラソース、オレンジの皮、砕いた赤唐辛子を入れて混ぜます。熱くなるまで加熱し、ソイクリーマーを入れてかき混ぜ、非常に弱火で保温します。

沸騰した塩水の入った鍋で、トルテッリーニが浮き上がるまで約 5 分間調理します。水をよく切り、大きめのボウルに移します。ソースを加えて軽く混ぜ合わせます。すぐにお召し上がりください。

48.豆腐入り野菜ローメン

4 回分が作れます

- 12 オンスのリングイネ
- 煎りごま油 大さじ 1
- 醤油 大さじ 3
- ドライシェリー酒 大さじ 2
- 水 大さじ 1
- 砂糖ひとつまみ
- コーンスターチ 大さじ 1
- キャノーラ油またはグレープシード油 大さじ 2
- 豆腐 1 ポンド（水切りし、さいの目切り）
- 中くらいの玉ねぎ 1 個、半分に切って薄くスライスする
- ブロッコリーの小さな小花 3 カップ
- $^{1}/_{4}$ インチのスライスに切る
- スライスした新鮮な椎茸または白いキノコ 1 カップ
- ニンニク 2 片 （みじん切り）
- 新生姜のすりおろし 小さじ 2
- ねぎ 2 本 （みじん切り）

大きな鍋に沸騰した塩水を入れ、時々かき混ぜながらリングイネを柔らかくなるまで約 10 分間茹でる。水をよく切ってボウルに移す。ごま油小さじ 1 を加えて全体になじませます。脇に置いておきましょう。

小さなボウルに醤油、シェリー酒、水、砂糖、残りの小さじ 2 杯のごま油を入れて混ぜます。コーンスターチを加えてかき混ぜて溶かします。脇に置いておきましょう。

大きなフライパンまたは中華鍋に大さじ 1 杯のキャノーラを中強火で加熱します。豆腐を加え、きつね色になるまで約 10 分間煮ます。フライパンから取り出して脇に置きます。

残りのキャノーラ油を同じフライパンで再加熱します。玉ねぎ、ブロッコリー、ニンジンを加え、柔らかくなるまで約 7 分間炒めます。キノコ、ニンニク、生姜、ネギを加え、2 分間炒めます。ソースと調理したリングイネを加えてよく混ぜます。火が通るまで調理します。味を見て調味料を調整し、必要に応じて醤油を追加します。すぐにお召し上がりください。

49.パッタイ

4 回分が作れます

- 12 オンスの乾燥ビーフン
- 醤油 $^{1/3}$ カップ_
- 新鮮なライムジュース 大さじ 2
- ライトブラウンシュガー 大さじ 2
- タマリンドペースト 大さじ 1 （頭注を参照）
- トマトペースト 大さじ 1
- 水 大さじ 3
- 赤唐辛子小さじ $^{1/2}$
- キャノーラ油またはグレープシード油 大さじ 3
- 1 ポンドの木綿豆腐を水切りし、押して（豆腐を参照）、$^{1}/_{2}$ インチのサイコロ状に切ります。
- ネギ 4 本 （みじん切り）
- ニンニク 2 片 （みじん切り）
- 粗く刻んだ乾煎り無塩ピーナッツ $^{1}/_{3}$ カップ
- もやし 1 カップ （飾り用）
- 飾り用のライム 1 個 （くさび形に切る）

麺の太さに応じて、麺が柔らかくなるまで、大きなボウルに熱湯を入れて 5〜15 分間浸します。よく水を切り、冷水ですすいでください。水を切った麺を大きなボウルに移し、脇に置きます。

小さなボウルに醤油、ライムジュース、砂糖、タマリンドペースト、トマトペースト、水、砕いた赤唐辛子を入れて混ぜます。よくかき混ぜて脇に置きます。

大きなフライパンまたは中華鍋に大さじ 2 杯の油を中火で熱します。豆腐を加え、きつね色になるまで約 5 分間炒めます。皿に移して脇に置きます。

同じフライパンまたは中華鍋に残りの大さじ1の油を中火で加熱します。玉ねぎを加えて1分間炒めます。ねぎとにんにくを加えて30秒炒め、調理した豆腐を加えて時々混ぜながらきつね色になるまで約5分間炒めます。茹でた麺を加えて混ぜ合わせ、加熱します。

ソースを加えてかき混ぜ、コーティングするように混ぜ、必要に応じて追加の水を1、2杯加えます。固着を防ぐため。麺が熱くて柔らかくなったら、皿に盛り、ピーナッツとコリアンダーを振りかけます。もやしとライムを大皿の側面に飾ります。温かいままお召し上がりください。

50.酔っぱらった豆腐スパゲティ

4 回分が作れます

- 12 オンスのスパゲッティ
- 醤油 大さじ 3
- ベジタリアンオイスターソース 大さじ 1 （お好みで）
- ライトブラウンシュガー 小さじ 1
- 8 オンスの超木綿豆腐、水切りし、押したもの （「豆腐」を参照）
- キャノーラ油またはグレープシード油 大さじ 2
- 中型の赤玉ねぎ 1 個、薄くスライス
- 中型の赤ピーマン 1 個 （薄くスライス）
- サヤエンドウ 1 カップ （切り取ったもの）
- ニンニク 2 片 （みじん切り）
- 赤唐辛子小さじ 1/2
- 新鮮なタイバジルの葉 1 カップ

沸騰した塩水の入った鍋で、スパゲッティを中火にかけ、時々かき混ぜながらアルデンテになるまで約 8 分間茹でます。水をよく切り、大きめのボウルに移します。小さなボウルに醤油、オイスターソース （使用する場合）、砂糖を入れて混ぜます。よく混ぜて、取っておいたスパゲッティに注ぎ、和える。脇に置いておきましょう。

豆腐を 1/2 インチの短冊状に切ります。大きなフライパンまたは中華鍋に大さじ 1 杯の油を入れ、中強火で加熱します。豆腐を加え、黄金色になるまで約 5 分間調理します。フライパンから取り出して脇に置きます。

フライパンを火に戻し、残りの大さじ 1 のキャノーラ油を加えます。玉ねぎ、ピーマン、サヤエンドウ、ニンニク、砕いた赤唐辛子を加えます。野菜が柔らかくなるまで約 5 分間炒めます。調理したスパゲッティとソースの混合物、調理した豆腐、バジルを加え、熱くなるまで約 4 分間炒めます。

温度

51.カルボナーラ風スパゲッティ

4 回分が作れます

- オリーブオイル 大さじ 2
- 中くらいのエシャロット 3 個（みじん切り）
- 4 オンスのテンペベーコン、自家製（テンペベーコンを参照）または市販のもの、みじん切り
- 普通の無糖豆乳 1 カップ
- 豆腐または絹ごし豆腐 1/2 カップ〔水切り〕
- ニュートリショナルイースト $^1/_4$ カップ
- 塩と挽きたての黒胡椒
- スパゲッティ 1 ポンド
- 新鮮なパセリのみじん切り 大さじ 3

大きなフライパンに油を中火で熱します。エシャロットを加え、柔らかくなるまで約 5 分間調理します。テンペベーコンを加え、頻繁にかき混ぜながら、軽く茶色になるまで約 5 分間調理します。脇に置いておきましょう。

豆乳、豆腐、ニュートリショナルイースト、塩コショウをミキサーに入れて混ぜ合わせます。滑らかになるまでブレンドします。脇に置いておきましょう。

沸騰した塩水を入れた大きな鍋で、スパゲッティを中火にかけ、時々かき混ぜながらアルデンテになるまで約 10 分間茹でます。水をよく切り、大きめのボウルに移します。豆腐混合物、パルメザンチーズ 1/4 カップ、テンペベーコン混合物大さじ 2 を除くすべてを加えます。

軽く混ぜて味を調え、必要に応じて調味料を調整し、乾燥しすぎる場合は豆乳を少し加えます。その上にコショウを数回挽き、残りのテンペベーコン、残りのパルメザンチーズ、パセリをトッピングします。すぐにお召し上がりください。

51.テンペと野菜炒め

4 回分が作れます

- 10 オンスのテンペ
- 塩と挽きたての黒胡椒
- コーンスターチ 小さじ 2
- ブロッコリーの小さな小花 4 カップ
- キャノーラ油またはグレープシード油 大さじ 2
- 醤油 大さじ 2
- 水 大さじ 2
- みりん 大さじ 1
- 赤唐辛子小さじ $1/2$
- 煎りごま油 小さじ 2
- 中型の赤ピーマン 1 個、$1/2$ インチのスライスに切る
- 6 オンスのホワイトマッシュルームを軽く洗い、軽く叩いて水気を切り、$1/2$ インチのスライスに切ります。
- ニンニク 2 片 （みじん切り）
- ネギのみじん切り 大さじ 3
- 新生姜のすりおろし 小さじ 1

沸騰したお湯の中鍋でテンペを 30 分間調理します。水を切り、軽くたたいて乾燥させ、冷ましておきます。テンペを $1/2$ インチの立方体に切り、浅いボウルに置きます。塩、黒こしょうで味を調え、コーンスターチをふりかけ、全体にまぶします。脇に置いておきましょう。

ブロッコリーをほぼ柔らかくなるまで約 5 分間軽く蒸します。冷水にさらして調理プロセスを停止し、明るい緑色を保ちます。脇に置いておきましょう。

大きなフライパンまたは中華鍋にキャノーラ油大さじ 1 を入れ、中強火で加熱します。テンペを加え、黄金色になるまで約 5 分間炒めます。フライパンから取り出して脇に置きます。

小さなボウルに醤油、水、みりん、みじん切り赤唐辛子、ごま油を入れて混ぜ合わせます。脇に置いておきましょう。

同じフライパンを中火〜強火で再加熱します。残りの大さじ1杯のキャノーラ油を加えます。ピーマンとキノコを加え、柔らかくなるまで約3分間炒めます。にんにく、ねぎ、生姜を加えて1分間炒めます。蒸したブロッコリーと揚げたテンペを加え、1分間炒めます。醤油混合物を加えてかき混ぜ、テンペと野菜が熱くなってソースがよく絡むまで炒めます。すぐにお召し上がりください。

52.てりやきテンペ

4回分が作れます

- 1ポンドのテンペを $1/4$ インチのスライスに切ります。
- 新鮮なレモン汁 $1/4$ カップ
- ニンニクのみじん切り 小さじ1
- ネギのみじん切り 大さじ2
- 新生姜のすりおろし 小さじ2
- 砂糖 大さじ1
- 煎りごま油 大さじ2
- コーンスターチ 大さじ1
- 水 大さじ2
- キャノーラ油またはグレープシード油 大さじ2

沸騰したお湯の中鍋でテンペを30分間調理します。水を切り、大きな浅い皿に置きます。小さなボウルに醤油、レモン汁、にんにく、ねぎ、生姜、砂糖、ごま油、コーンスターチ、水を入れて混ぜます。よく混ぜ、調理したテンペの上にマリネードを注ぎ、裏返してコーティングします。テンペを1時間マリネします。

大きなフライパンにキャノーラ油を入れて中火で加熱します。マリネからテンペを取り出し、マリネは取っておきます。熱したフライパンにテンペを加え、両面がきつね色になるまで片面約4分ずつ焼きます。取っておいたマリネードを加え、液体が濃くなるまで約8分間煮ます。すぐにお召し上がりください。

53.テンペのバーベキュー

4 回分が作れます

- 1 ポンドのテンペを 2 インチの棒状に切る
- オリーブオイル 大さじ 2
- 玉ねぎ中 1 個 （みじん切り）
- 赤ピーマン 中 1 個 （みじん切り）
- ニンニク 2 片 （みじん切り）
- (14.5 オンス) クラッシュトマト缶
- 黒糖蜜 大さじ 2
- リンゴ酢 大さじ 2
- 醤油 大さじ
- スパイシーブラウンマスタード 小さじ 2
- 砂糖 大さじ 1
- 塩 小さじ 1/2
- オールスパイス 小さじ 1/4
- カイエン 粉末 小さじ 1/4

沸騰したお湯の中鍋でテンペを 30 分間調理します。水を
切って脇に置きます。

大きな鍋に油大さじ 1 を中火で熱します。玉ねぎ、ピーマン、
ニンニクを加えます。蓋をして柔らかくなるまで約 5 分間煮
ます。トマト、糖蜜、酢、醤油、マスタード、砂糖、塩、オー
ルスパイス、カイエンペッパーを加えて混ぜ、沸騰させます。
火を弱め、蓋をせずに 20 分間煮ます。

大きなフライパンに残りの大さじ 1 の油を中火で加熱します。
テンペを加え、きつね色になるまで一度ひっくり返しながら
約 10 分間調理します。テンペをたっぷりとコーティングする
のに十分な量のソースを加えます。蓋をして味がなじむまで
約 15 分間煮ます。すぐにお召し上がりください。

54.オレンジバーボンテンペ

4〜6 人前が作れます

- 水 2 カップ
- 醤油 ^{1/2} カップ_
- 新生姜の薄切り
- ニンニク 2 片 （スライス）
- 1 ポンドのテンペを薄くスライスします
- 塩と挽きたての黒胡椒
- キャノーラ油またはグレープシード油 $^1/_4$ カップ
- ライトブラウンシュガー 大さじ 1
- オールスパイス 小さじ 1/8
- 新鮮なオレンジジュース $^1/_3$ カップ
- バーボン $^1/_4$ カップ、またはオレンジスライス 5 枚（半分）
- コーンスターチ大さじ 1 と水大さじ 2 を混ぜたもの

大きな鍋に水、醤油、生姜、ニンニク、オレンジの皮を入れて混ぜます。テンペをマリネに入れて沸騰させます。火を弱め、30 分間煮ます。マリネからテンペを取り出し、マリネは取っておきます。テンペに塩、こしょうをふりかけて味を調えます。小麦粉を浅いボウルに入れます。調理したテンペを小麦粉にまぶし、脇に置きます。

大きなフライパンに油を中火で熱します。必要に応じてテンペを数回に分けて加え、両面がきつね色になるまで片面約 4 分ずつ焼きます。取っておいたマリネを少しずつ加えて混ぜます。砂糖、オールスパイス、オレンジジュース、バーボンを加えます。テンペの上にオレンジのスライスを乗せます。蓋をして、ソースがシロップ状になり、味が溶けるまで約 20 分間煮ます。

穴あきスプーンまたはスパチュラを使用してテンペを鍋から取り出し、皿に移します。暖かくしてください。コーンスターチ混合物をソースに加え、かき混ぜながらとろみがつくまで煮ます。火を弱め、蓋をせず、絶えずかき混ぜながらソースが濃くなるまで煮ます。ソースをテンペの上にスプーンでかけて、すぐにお召し上がりください。

55.テンペとスイートポテト

4 回分が作れます

- テンペ 1 ポンド
- 醤油 大さじ 2
- コリアンダー 小さじ 1
- ターメリック小さじ $^{1/2}$
- オリーブオイル 大さじ 2
- みじん切りにした大きなエシャロット 3 個
- 中くらいのサツマイモ 1 個または 2 個、皮をむき、$^{1}/_{2}$ インチのサイコロ状に切ります。
- 新生姜のすりおろし 小さじ 2
- パイナップルジュース 1 カップ
- ライトブラウンシュガー 小さじ 2
- ライム果汁 1 個

沸騰したお湯の中鍋でテンペを 30 分間調理します。浅い
ボウルに移します。醤油大さじ 2、コリアンダー、ターメリック
を加えて混ぜます。脇に置いておきましょう。

大きめのフライパンに油大さじ 1 を中火で熱します。テンペ
を加え、両面に焼き色がつくまで片面約 4 分ずつ焼きます。
フライパンから取り出して脇に置きます。

同じフライパンに残りの油大さじ 2 を入れて中火で加熱し
ます。エシャロットとサツマイモを加えます。蓋をして、少し柔
らかくなり、軽く茶色になるまで約 10 分間調理します。生
姜、パイナップル汁、残りの醤油大さじ 1、砂糖を加えて混
ぜます。火を弱め、調理したテンペを加え、蓋をし、ジャガイ
モが柔らかくなるまで約 10 分間煮ます。テンペとサツマイモ
を皿に移し、温めておきます。ライム果汁をソースに加えてか
き混ぜ、1 分間煮て風味をブレンドします。テンペの上に
ソースをかけて、すぐにお召し上がりください。

56.クレオールテンペ

4〜6 人前が作れます

- 1 ポンドのテンペを $1/4$ インチのスライスに切ります。
- 醤油 $1/4$ カップ_
- クレオール調味料 大さじ 2
- 中力粉 $1/2$ カップ
- オリーブオイル 大さじ 2
- 中程度の甘さの黄玉ねぎ 1 個（みじん切り）
- セロリの茎 2 本（みじん切り）
- 中くらいのピーマン 1 個、みじん切りにする
- にんにく 3 片（みじん切り）
- 角切りトマト 1 缶（14.5 オンス）、水気を切る
- 乾燥タイム 小さじ 1
- 辛口白ワイン $1/2$ カップ
- 塩と挽きたての黒胡椒

テンペを大きな鍋に入れ、かぶるくらいの水を入れます。醤油とクレオール調味料大さじ 1 を加えます。蓋をして 30 分間煮ます。テンペを液体から取り出し、液体は取っておきます。

浅いボウルに小麦粉と残りの大さじ 2 杯のクレオール調味料を入れ、よく混ぜます。テンペを小麦粉混合物に浸し、よくコーティングします。大きめのフライパンに油大さじ 1 を中火で熱します。浚渫したテンペを加え、両面がきつね色になるまで片面約 4 分ずつ焼きます。テンペをフライパンから取り出し、脇に置きます。

同じフライパンに残りの油大さじ1を入れて中火で加熱します。玉ねぎ、セロリ、ピーマン、ニンニクを加えます。蓋をして野菜が柔らかくなるまで約10分間煮ます。トマトを加えてかき混ぜ、テンペをタイム、ワイン、取っておいた煮汁1カップとともに鍋に戻します。塩とコショウで味を調えます。沸騰させ、蓋をせずに約30分間煮て、液体を減らし、味をブレンドします。すぐにお召し上がりください。

57.レモンとケッパーのテンペ

4〜6 人前が作れます

- 1 ポンドのテンペを水平に $1/4$ インチのスライスに切ります。
- 醤油 $1/2$ カップ
- 中力粉 $1/2$ カップ
- 塩と挽きたての黒胡椒
- オリーブオイル 大さじ 2
- 中くらいのエシャロット 2 個（みじん切り）
- ニンニク 2 片（みじん切り）
- ケッパー 大さじ 2
- 辛口白ワイン $1/2$ カップ
- $1/2$ カップ、自家製（ライト野菜スープを参照）または市販品
- ビーガンマーガリン 大さじ 2
- レモン汁 1 個分
- 新鮮なパセリのみじん切り 大さじ 2

テンペを大きな鍋に入れ、かぶるくらいの水を入れます。醤油を加えて 30 分ほど煮る。テンペを鍋から取り出し、冷ましておきます。浅いボウルに小麦粉と塩、コショウを入れて混ぜ合わせ、味を調えます。テンペを小麦粉混合物に浸し、両面をコーティングします。脇に置いておきましょう。

大きなフライパンに油大さじ 2 を中火で熱します。必要に応じてテンペを数回に分けて加え、両面に焼き色がつくまで合計約 8 分間焼きます。テンペをフライパンから取り出し、脇に置きます。

同じフライパンに残りの油大さじ 1 を入れて中火で加熱します。エシャロットを加えて約 2 分間調理します。ニンニクを加え、ケッパー、ワイン、スープを加えて混ぜます。テンペをフライパンに戻し、6〜8 分煮る。マーガリン、レモン汁、パセリを加えて混ぜ、マーガリンを溶かします。すぐにお召し上がりください。

58.テンペ メープル＆バルサミコグレーズ添え

4 回分が作れます

- 1 ポンドのテンペを 2 インチの棒状に切る
- バルサミコ酢 大さじ 2
- ピュアメープルシロップ 大さじ 2
- スパイシーブラウンマスタード大さじ 1 $^{1/2}$
- タバスコソース 小さじ 1
- オリーブオイル 大さじ 1
- ニンニク 2 片 （みじん切り）
- $^{1}/_{2}$ カップ、自家製（ライト野菜スープを参照）または市販の塩と挽きたての黒コショウ

沸騰したお湯の中鍋でテンペを 30 分間調理します。水を切り、軽くたたくように乾燥させます。

小さなボウルに酢、メープルシロップ、マスタード、タバスコを入れて混ぜます。脇に置いておきましょう。

大きなフライパンに油を中火で熱します。テンペを加え、両面に焼き色がつくまで一度裏返し、片面約 4 分ずつ焼きます。ニンニクを加えて 30 秒以上煮ます。

スープと塩、コショウを加えて味を調えます。火を中程度の強火に上げ、蓋をせずに約 3 分間、または液体がほぼ蒸発するまで調理します。

取っておいたマスタード混合物を加え、テンペを回してソースとグレーズをうまく絡めながら 1〜2 分間調理します。火傷しないように注意してください。すぐにお召し上がりください。

59.誘惑のテンペチリ

4〜6 人前が作れます

- テンペ 1 ポンド
- オリーブオイル 大さじ 1
- 中くらいの黄玉ねぎ 1 個、みじん切りにする
- 中くらいのピーマン 1 個、みじん切りにする
- ニンニク 2 片 （みじん切り）
- チリパウダー 大さじ
- 乾燥オレガノ 小さじ 1
- 粉末クミン 小さじ 1
- (28 オンス) クラッシュトマト缶
- $^1/_2$ カップ、必要に応じてさらに追加
- 1 $^1/_2$ カップ、またはピントビーンズ 1 缶（15.5 オンス）、水を切り、洗ったもの
- みじん切りにしたマイルドな青唐辛子 1 缶（4 オンス）、水気を切る
- 塩と挽きたての黒胡椒
- 新鮮なコリアンダーのみじん切り 大さじ 2

沸騰したお湯の中鍋でテンペを 30 分間調理します。水を切って冷ましてから、細かく刻んで脇に置きます。

大きな鍋に油を入れて熱します。玉ねぎ、ピーマン、ニンニクを加え、蓋をし、柔らかくなるまで約 5 分間煮ます。テンペを加え、蓋をせず、黄金色になるまで約 5 分間調理します。チリパウダー、オレガノ、クミンを加えます。トマト、水、豆、唐辛子を加えて混ぜます。塩、黒胡椒で味を調えます。よく混ぜて結合させます。

沸騰したら弱火にし、蓋をして時々かき混ぜながら、必要に応じて水を少し加えて 45 分間煮ます。

コリアンダーを振りかけ、すぐにお召し上がりください。

60.テンペ カチャトーレ

4〜6 人前が作れます

- テンペ 1 ポンド、薄くスライスする
- キャノーラ油またはグレープシード油 大さじ 2
- ¹/₂ インチのさいの目に切る
- 中くらいの赤ピーマン、¹/₂ インチのサイコロ状に切る
- ¹/₄ インチのスライスに切る
- ニンニク 2 片 （みじん切り）
- 角切りトマト 1 缶 （28 オンス）、水気を切る
- 辛口白ワイン ¹/₄ カップ
- 乾燥オレガノ 小さじ 1
- 乾燥バジル 小さじ 1
- 塩と挽きたての黒胡椒

沸騰したお湯の中鍋でテンペを 30 分間調理します。水を切り、軽くたたくように乾燥させます。

大きめのフライパンに油大さじ 1 を中火で熱します。テンペを加え、両面に焼き色がつくまで合計 8〜10 分焼きます。フライパンから取り出して脇に置きます。

同じフライパンに残りの油大さじ 1 を入れて中火で加熱します。玉ねぎ、ピーマン、ニンジン、ニンニクを加えます。蓋をして、柔らかくなるまで約 5 分間煮ます。トマト、ワイン、オレガノ、バジル、塩、黒コショウを加えて味を調え、沸騰させます。火を弱め、取っておいたテンペを加え、野菜が柔らかくなり味がよく混ざるまで、蓋をせずに約 30 分間煮ます。すぐにお召し上がりください。

61.インドネシアのテンペのココナッツグレービーソース

4〜6 人前が作れます

- 1 ポンドのテンペを $1/4$ インチのスライスに切ります。
- キャノーラ油またはグレープシード油 大さじ 2
- 中くらいの黄玉ねぎ 1 個、みじん切りにする
- ニンニク 3 片 （みじん切り）
- 赤ピーマン 中 1 個 （みじん切り）
- 中くらいのピーマン 1 個、みじん切りにする
- 種を取り、みじん切りにした小さなセラーノまたはその他の新鮮なホットチリ 1 〜 2 個
- 角切りトマト 1 缶 （14.5 オンス）、水気を切る
- 無糖ココナッツミルク 1 缶 （13.5 オンス）
- 塩と挽きたての黒胡椒
- 飾り用の無塩ローストピーナッツ （粉砕または砕いたもの） $1/2$ カップ
- 新鮮なコリアンダーのみじん切り 大さじ 2 （飾り用）

沸騰したお湯の中鍋でテンペを 30 分間調理します。水を切り、軽くたたくように乾燥させます。

大きめのフライパンに油大さじ 1 を中火で熱します。テンペを加え、両面がきつね色になるまで約 10 分間焼きます。フライパンから取り出して脇に置きます。

同じフライパンに残りの油大さじ 1 を入れて中火で加熱します。玉ねぎ、ニンニク、赤ピーマン、緑ピーマン、チリを加えます。蓋をして柔らかくなるまで約 5 分間煮ます。トマトとココナッツミルクを加えて混ぜます。火を弱め、取っておいたテンペを加え、塩、コショウで味を調え、蓋をせず、ソースが少し減るまで約 30 分間煮ます。ピーナッツとコリアンダーをふりかけ、すぐにお召し上がりください。

62.ジンジャーピーナッツテンペ

4 回分が作れます

- 1 ポンドのテンペを $^1/_2$ インチのサイコロ状に切ります。
- キャノーラ油またはグレープシード油 大さじ 2
- 中くらいの赤ピーマン、$^1/_2$ インチのサイコロ状に切る
- ニンニク 3 片 （みじん切り）
- ネギの小束、みじん切り
- 新生姜のすりおろし 大さじ 2
- 醤油 大さじ 2
- 砂糖 大さじ 1
- 砕いた赤唐辛子 小さじ $^1/4$
- コーンスターチ 大さじ 1
- 水 1 カップ
- 砕いた無塩ローストピーナッツ 1 カップ
- 新鮮なコリアンダーのみじん切り 大さじ 2

沸騰したお湯の中鍋でテンペを 30 分間調理します。水を切り、軽くたたくように乾燥させます。大きなフライパンまたは中華鍋に油を中火で熱します。テンペを加え、軽く茶色になるまで約 8 分間調理します。ピーマンを加え、柔らかくなるまで約 5 分間炒めます。にんにく、ねぎ、生姜を加え、香りが出るまで 1 分間炒めます。

小さなボウルに醤油、砂糖、砕いた赤唐辛子、コーンスターチ、水を入れて混ぜます。よく混ぜてからフライパンに注ぎます。少しとろみがつくまで、かき混ぜながら 5 分間調理します。ピーナッツとコリアンダーを加えて混ぜます。すぐにお召し上がりください。

63.ジャガイモとキャベツのテンペ

4 回分が作れます

- 1 ポンドのテンペを $^1/_2$ インチのサイコロ状に切ります。
- キャノーラ油またはグレープシード油 大さじ 2
- 中くらいの黄玉ねぎ 1 個、みじん切りにする
- にんじん中 1 本（みじん切り）
- 甘いハンガリー産パプリカ 大さじ 1 $^{1/2}$
- 中くらいのラセットポテト 2 個、皮をむき、$^1/_2$ インチのサイコロ状に切ります。
- 千切りキャベツ 3 カップ
- 角切りトマト 1 缶（14.5 オンス）、水気を切る
- 辛口白ワイン $^1/_4$ カップ
- 自家製野菜スープ 1 カップ（ライト野菜スープを参照）または市販の塩と挽きたての黒コショウ
- ビーガンサワークリーム $^1/_2$ カップ、自家製（豆腐サワークリームを参照）または市販品（オプション）

沸騰したお湯の中鍋でテンペを 30 分間調理します。水を切り、軽くたたくように乾燥させます。

大きめのフライパンに油大さじ 1 を中火で熱します。テンペを加え、両面がきつね色になるまで約 10 分間焼きます。テンペを取り出して脇に置きます。

同じフライパンに残りの油大さじ 1 を入れて中火で加熱します。玉ねぎとにんじんを加え、蓋をし、柔らかくなるまで約 10 分間煮ます。パプリカ、ジャガイモ、キャベツ、トマト、ワイン、だし汁を加えて混ぜ、沸騰させます。塩、コショウで味を調える

火を中火に下げ、テンペを加え、蓋をせずに 30 分間、または野菜が柔らかくなり味が混ざるまで煮ます。サワークリームを使用する場合は、それを加えて泡立て、すぐにお召し上がりください。

64.サザンサコタッシュシチュー

4 回分が作れます

- 10 オンスのテンペ
- オリーブオイル 大さじ 2
- 大きくて甘い黄玉ねぎ 1 個、細かく刻む
- 中くらいのラセットポテト 2 個、皮をむき、$^1/_2$ インチのサイコロ状に切ります。
- 角切りトマト 1 缶（14.5 オンス）、水気を切る
- 冷凍サコタッシュ 1 (16 オンス) パッケージ
- 自家製野菜スープ（「ライト野菜スープ」を参照）または市販の野菜スープ、または水 2 カップ
- 醤油 大さじ 2
- ドライマスタード 小さじ 1
- 砂糖 小さじ 1
- 乾燥タイム小さじ $^1/_2$
- オールスパイス小さじ $^1/_2$
- カイエン粉末小さじ $^1/_4$
- 塩と挽きたての黒胡椒

沸騰したお湯の中鍋でテンペを 30 分間調理します。水を切り、軽くたたいて乾燥させ、1 インチのサイコロ状に切ります。

大きめのフライパンに油大さじ 1 を中火で熱します。テンペを加え、両面に焼き色がつくまで約 10 分焼きます。脇に置いておきましょう。

大きな鍋に残りの大さじ 1 の油を中火で加熱します。玉ねぎを加え、柔らかくなるまで 5 分間煮ます。ジャガイモ、ニンジン、トマト、サコタッシュ、スープ、醤油、マスタード、砂糖、タイム、オールスパイス、カイエンペッパーを加えます。塩とコショウで味を調えます。沸騰したら弱火にしてテンペを加えます。蓋をして、野菜が柔らかくなるまで、時々かき混ぜながら約 45 分間煮ます。

シチューの調理が完了する約 10 分前に、液体スモークを加えてかき混ぜます。味を見て、必要に応じて調味料を調整する

すぐにお召し上がりください。

65.焼きジャンバラヤキャセロール

4 回分が作れます

- 10 オンスのテンペ
- オリーブオイル 大さじ 2
- 中くらいの黄玉ねぎ 1 個、みじん切りにする
- 中くらいのピーマン 1 個、みじん切りにする
- ニンニク 2 片 （みじん切り）
- 角切りトマト 1 缶 （28 オンス）、水切りなし
- 白米 $^{1/2}$ カップ_
- 野菜スープ、自家製 （ライト野菜スープを参照） または市販の野菜スープ、または水 1 $^1/_2$ カップ
- 1 $^1/_2$ カップ、または濃い赤インゲン豆 1 缶 （15.5 オンス）、水を切り、すすぎます
- 新鮮なパセリのみじん切り 大さじ 1
- ケイジャン シーズニング 小さじ 1 $^{1/2}$
- 乾燥タイム 小さじ 1
- 塩 小さじ $^{1/2}$_
- 挽きたての黒 胡椒 小さじ $^{1/4}$

沸騰したお湯の中鍋でテンペを 30 分間調理します。水を切り、軽くたたくように乾燥させます。$^1/_2$ インチのサイコロ状に切ります。オーブンを 350°F に予熱します。

大きめのフライパンに油大さじ 1 を中火で熱します。テンペを加え、両面に焼き色がつくまで約 8 分間焼きます。テンペを 9 x 13 インチのグラタン皿に移し、脇に置きます。

同じフライパンに残りの油大さじ 1 を入れて中火で加熱します。玉ねぎ、ピーマン、ニンニクを加えます。蓋をして、野菜が柔らかくなるまで約 7 分間煮ます。

野菜混合物をテンペと一緒にグラタン皿に加えます。トマト
とその液体、米、スープ、インゲン豆、パセリ、ケイジャンシー
ズニング、タイム、塩、黒コショウを加えて混ぜます。よく混
ぜてからしっかりと蓋をし、米が柔らかくなるまで約 1 時間
焼きます。すぐにお召し上がりください。

66.テンペとスイートポテトのパイ

4 回分が作れます

- 8 オンスのテンペ
- 中くらいのサツマイモ 3 個、皮をむき、$^1/_2$ インチのサイコロ状に切ります。
- ビーガンマーガリン 大さじ 2
- 無糖豆乳 $^1/_{4カップ}$
- 塩と挽きたての黒胡椒
- オリーブオイル 大さじ 2
- 中くらいの黄色のタマネギ 1 個、細かく刻む
- にんじん中 2 本（みじん切り）
- 解凍した冷凍エンドウ豆 1 カップ
- 解凍した冷凍トウモロコシ粒 1 カップ
- マッシュルームソース 1 $^{1/2}$ $_{カップ}$＿
- $_{乾燥}$タイム小さじ $^{1/2}$

沸騰したお湯の中鍋でテンペを 30 分間調理します。水を切り、軽くたたくように乾燥させます。テンペを細かく刻み、脇に置いておきます。

サツマイモを柔らかくなるまで約 20 分間蒸します。オーブンを 350°F に予熱します。さつまいもをマッシュし、マーガリン、豆乳、塩、コショウで味を調えます。脇に置いておきましょう。

大きめのフライパンに油大さじ 1 を中火で熱します。玉ねぎとにんじんを加え、蓋をし、柔らかくなるまで約 10 分間煮ます。10 インチのベーキングパンに移します。

同じフライパンに残りの油大さじ 1 を入れて中火で加熱します。テンペを加え、両面に焼き色がつくまで 8〜10 分間焼きます。テンペを玉ねぎ、にんじんと一緒に天板に加えます。エンドウ豆、コーン、マッシュルームのソースを加えて混ぜます。タイムと塩、コショウを加えて味を調えます。かき混ぜて混ぜ合わせます。

マッシュしたサツマイモを上に広げ、ヘラを使って鍋の端まで均等に広げます。ジャガイモが軽く茶色になり、詰め物が温かくなるまで、約 40 分間焼きます。すぐにお召し上がりください。

67.ナスとテンペのパスタ

4 回分が作れます

- 8 オンスのテンペ
- 中ナス 1 本
- 大きめのパスタシェル 12 個
- ニンニク 1 片 （つぶす）
- カイエン_{粉末}小さじ 1/4
- 塩と挽きたての黒胡椒
- 味付けしていない乾燥パン粉
- マリナラソース 3 カップ （自家製 （マリナラソースを参照） または市販のもの）

沸騰したお湯の中鍋でテンペを 30 分間調理します。水を切り、冷ますために置いておきます。

オーブンを 450°F に予熱します。ナスにフォークで穴をあけ、軽く油を塗った天板で柔らかくなるまで約 45 分間焼きます。

ナスが焼いている間に、沸騰した塩水の鍋でパスタの殻をアルデンテになるまで時々かき混ぜながら約 7 分間茹でます。水を切り、冷水にさらします。脇に置いておきましょう。

ナスをオーブンから取り出し、縦半分に切り、水分を切ります。オーブンの温度を 350°F に下げます。9 x 13 インチの天板に軽く油を塗ります。フードプロセッサーで、ニンニクを細かくなるまで加工します。テンペを加え、粗く粉砕するまでパルスします。ナスの果肉を殻からこそげ取り、テンペとニンニクと一緒にフードプロセッサーに加えます。カイエンペッパーを加え、塩とコショウで味を調え、パルスして混ぜ合わせます。具がゆるい場合はパン粉を加えてください。

準備しておいたグラタン皿の底にトマトソースの層を広げます。シェルに詰め物をしっかりと詰めるまで詰めます。

ソースの上に貝殻を並べ、残りのソースを貝殻の上と周りに注ぎます。ホイルで覆い、熱くなるまで約 30 分間焼きます。蓋を外し、パルメザンチーズをふりかけ、さらに 10 分焼きます。すぐにお召し上がりください。

68.テンペ入りシンガポールヌードル

4 回分が作れます

- 8 オンスのテンペを $\frac{1}{2}$ インチのサイコロ状に切ります。
- ビーフン 8 オンス
- 煎りごま油 大さじ 1
- キャノーラ油またはグレープシード油 大さじ 2
- 醤油 大さじ 4
- クリーミーピーナッツバター $\frac{1}{3}$ カップ
- $\frac{1}{2}$ カップ
- 水 $\frac{1}{2}$ カップ_
- 新鮮なレモン汁 大さじ 1
- ライトブラウンシュガー 小さじ 1
- カイエンペッパー粉 小さじ $\frac{1}{2}$
- 赤ピーマン 中 1 個（みじん切り）
- 千切りキャベツ 3 カップ
- ニンニク 3 片
- みじん切りネギ 1 カップ
- 新生姜のすりおろし 小さじ 2
- 解凍した冷凍エンドウ豆 1 カップ
- 塩
- $\frac{1}{4}$ カップ（飾り用）
- 新鮮なコリアンダーのみじん切り 大さじ 2（飾り用）

沸騰したお湯の中鍋でテンペを 30 分間調理します。水を切り、軽くたたくように乾燥させます。ビーフンを大きめのお湯の入ったボウルに入れ、柔らかくなるまで約 5 分間浸します。水をよく切って洗い、大きめのボウルに移します。ごま油を加えて和え、置いておきます。

大きなフライパンにキャノーラ油大さじ 1 を入れて中火にかけます。調理したテンペを加え、四方に焼き色がつくまで焼

き、色と風味を加えるために醤油大さじ 1 を加えます。テンペをフライパンから取り出し、脇に置きます。

ミキサーまたはフードプロセッサーで、ピーナッツバター、ココナッツミルク、水、レモン汁、砂糖、カイエンペッパー、残りの醤油大さじ 3 を混ぜ合わせます。滑らかになるまで加工して脇に置きます。

大きなフライパンに残りの大さじ 1 杯のキャノーラ油を中強火で加熱します。ピーマン、キャベツ、ニンニク、ネギ、生姜を加え、時々かき混ぜながら柔らかくなるまで約 10 分間煮ます。熱を弱めます。エンドウ豆、茶色になったテンペ、柔らかくなった麺を加えて混ぜます。ソースを加えて混ぜ、塩を加えて味を調え、熱くなるまで煮ます。

大きめのボウルに移し、刻んだピーナッツとコリアンダーを飾り、お召し上がりください。

69.テンペベーコン

4 回分が作れます

6 オンスのテンペ
キャノーラ油またはグレープシード油 大さじ 2
醤油 大さじ 2
リキッドスモーク小さじ $1/2$

沸騰したお湯の中鍋でテンペを 30 分間調理します。冷ましてから軽くたたいて乾燥させ、$1/8$ インチの細片に切ります。

大きなフライパンに油を中火で熱します。テンペのスライスを加え、両面がきつね色になるまで、片面約 3 分ずつ炒めます。飛び散らないように注意しながら、醤油と燻煙液を少しずつ注ぎます。テンペを回してコーティングします。温かいままお召し上がりください。

70.スパゲッティとティーボール

4 回分が作れます

- テンペ 1 ポンド
- 細かく刻んだニンニク 2 〜 3 片
- 新鮮なパセリのみじん切り 大さじ 3
- 醤油 大さじ 3
- オリーブオイル 大さじ 1、さらに料理用に追加
- 新鮮なパン粉 ¾ カップ
- 小麦グルテン粉 （重要な小麦グルテン） $^1/_3$ カップ
- ニュートリショナルイースト 大さじ 3
- 乾燥オレガノ小さじ $^{1/2}$
- 塩 小さじ $^{1/2}$
- 挽きたての黒 胡椒 小さじ $^{1/4}$
- スパゲッティ 1 ポンド
- マリナラソース 3 カップ （自家製（左参照）または市販）

沸騰したお湯の中鍋でテンペを 30 分間調理します。よく水を切り、乱切りにします。

調理したテンペをフードプロセッサーに入れ、ニンニクとパセリを加え、粗く粉砕するまでパルスします。醤油、オリーブオイル、パン粉、グルテン粉、イースト、オレガノ、塩、黒コショウを加え、少し食感を残して混ぜ合わせます。テンペ混合物をこすってボウルに入れ、よく混ざるまで手で 1〜2 分間こねます。手で混合物を直径 1 $^1/_2$ インチ以下の小さなボールに丸めます。残りのテンペ混合物で繰り返します。

軽く油を塗った大きなフライパンに油の薄い層を中火で熱します。必要に応じて T ボールを数回に分けて加え、茶色になるまで必要に応じて鍋の中で動かしながら、均一に茶色になるまで 15〜20 分間調理します。あるいは、油を

塗った天板に T ボールを並べ、350°F で 25〜30 分間、半分くらい裏返しながら焼くこともできます。

沸騰した塩水を入れた大きな鍋で、スパゲッティを中火にかけ、時々かき混ぜながらアルデンテになるまで約 10 分間茹でます。

スパゲッティを調理している間に、中型の鍋にマリナラソースを入れ、中火で熱くなるまで加熱します。

パスタが茹で上がったら、よく水を切り、ディナープレートまたは浅いパスタボウル 4 枚に分けます。各サービングの上に T ボールを数個乗せます。T ボールとスパゲッティにソースをスプーンでかけて、熱いうちにお召し上がりください。残りの T ボールとソースをボウルに入れて混ぜ合わせ、お召し上がりください。

71.パーリア・エ・フィエノとエンドウ豆

4 回分が作れます

- $^1/_3$ カップとオリーブオイル大さじ 1
- 中くらいのエシャロット 2 個（細かく刻む）
- $^1/_4$ カップ、自家製（テンペベーコンを参照）または市販品（オプション）
- 塩と挽きたての黒胡椒
- 8 オンスのレギュラーまたは全粒小麦のリングイネ
- 8 オンスのほうれん草のリングイネ
- ビーガンパルメザンチーズまたはパルマシオ

大きめのフライパンに油大さじ 1 を中火で熱します。エシャロットを加え、柔らかくなるまで約 5 分間調理します。テンペベーコンを使用する場合は加え、きつね色になるまで炒めます。キノコを加えてかき混ぜ、柔らかくなるまで約 5 分間煮ます。塩とコショウで味を調えます。エンドウ豆と残りの $^{1/3}$ カップの油を加えてかき混ぜます。蓋をして極弱火で保温します。

大きな鍋に沸騰した塩水を入れ、時々かき混ぜながら中火にかけ、アルデンテになるまでリングイネを約 10 分間茹でます。水をよく切り、大きめのボウルに移します。

ソースを加え、塩、コショウで味を調え、パルメザンチーズをふりかける。軽く混ぜて混ぜ、すぐにお召し上がりください。

シートオン

72.基本のセイタン煮

約 2 ポンドになります

セイタン

- 小麦グルテン粉（重要な小麦グルテン） 1¾ カップ
- 塩 小さじ 1/2
- オニオンパウダー小さじ 1/2
- スイート パプリカ小さじ 1/4
- オリーブオイル 大さじ 1
- 醤油 大さじ 2
- 冷水 1 2/3 カップ

煮る液体:
- 水 2 クォート
- 醤油 1/2 カップ
- ニンニク 2 片 （みじん切り）

セイタンを作る：フードプロセッサーで、小麦グルテン粉、
ニュートリショナルイースト、塩、オニオンパウダー、パプリカを
混ぜます。ブレンドするパルス。油、醤油、水を加えて 1 分
間捏ねて生地を作ります。混合物を軽く小麦粉をまぶした
作業台に出し、滑らかで弾力性のある状態になるまで約
2 分間こねます。

煮汁を作る：大きな鍋に水、醤油、ニンニクを入れて混ぜ
ます。

セイタン生地を 4 等分し、煮汁の中に入れます。中火〜
強火で沸騰したら中火〜弱火にして蓋をし、時々返しな
がら静かに 1 時間煮ます。火を止めてセイタンを液体の中
で冷まします。冷めたら、セイタンはレシピに使用したり、液
体のまま密閉容器に入れて冷蔵保存したり、最長 1 週
間、冷凍したりして最長 3 か月保存できます。

73.詰め焼きセイタンロア st

6 食分が作れます

- レシピ 1 件基本のセイタンの煮物、生
- オリーブオイル 大さじ 1
- 小さな黄玉ねぎ 1 個（みじん切り）
- セロリリブ 1 本（みじん切り）
- 乾燥タイム小さじ 1/2
- 乾燥セージ小さじ 1/2
- $^1/_2$ カップ、または必要に応じてそれ以上
- 塩と挽きたての黒胡椒
- 焼きたての角切りパン 2 カップ
- $^1/_4$ カップ

打ち粉をした手で平らになり厚さ約 1/2 インチになるまで伸ばします。平らにしたセイタンを 2 枚のラップの間に置きます またはクッキングシート。めん棒を使ってできるだけ平らにします（弾力性があり、耐久性があります）。1 ガロンの水または缶詰を乗せて重しをしたベーキングシートをその上に置き、詰め物を作る間休ませます。

大きなフライパンに油を中火で熱します。玉ねぎとセロリを加えます。蓋をして柔らかくなるまで 10 分間煮ます。タイム、セージ、水を加えてかき混ぜ、塩コショウで味を調えます。火から下ろして脇に置きます。パンとパセリを大きなミキシングボウルに入れます。玉ねぎ混合物を加えてよく混ぜ、詰め物が乾燥しすぎる場合は水を少し加えます。味を見て、必要に応じて調味料を調整します。必要であれば。脇に置いておきましょう。

オーブンを 350°F に予熱します。9 x 13 インチの天板に軽く油を塗り、脇に置きます。平らにしたセイタンをめん棒で厚さ約 1/4 インチになるまで伸ばします。詰め物を表面全体に広げます セイタンを丁寧に均等に巻き上げます。準備しておいた天板にローストの縫い目を下にして置きます。ローストの上面と側面に少量の油を塗り、蓋をして 45 分間焼きます。次に蓋を外して、しっかりとした光沢のある茶色になるまで約 15 分間焼きます。

オーブンから取り出し、スライスする前に 10 分間放置します。鋸歯状のナイフを使用して、$1/2$ インチのスライスに切ります。注: スライスしやすいように、先にローストを作り、スライスする前に完全に冷ましてください。ローストの全体または一部をスライスし、食べる前にしっかりと蓋をしてオーブンで 15〜20 分間再加熱します。

74.セイタン壷ロースト

4 回分が作れます

- 基本のセイタン煮レシピ 1 品
- オリーブオイル 大さじ 2
- 中くらいのエシャロット 3～4 個、縦半分に切る
- 1 ポンドのユーコンゴールドポテト、皮をむいて 2 インチの塊に切る
- 乾燥セイボリー小さじ 1/2
- 挽いたセージ小さじ 1/4
- 塩と挽きたての黒胡椒
- ホースラディッシュ、2 人分

基本のセイタン煮の作り方に従いますが、セイタンの生地を 4 等分ではなく 2 等分して煮ます。セイタンをスープの中で 30 分間冷ましてから、鍋から取り出し、脇に置いておきます。調理液は取っておき、固形物は捨ててください。セイタン 1 個（約 1 ポンド）をボウルに入れ、取っておいた調理液で覆い、将来の使用のために取っておきます。必要になるまでカバーをして冷蔵します。3 日以内に使用しない場合は、セイタンを完全に冷まし、しっかりとラップをして冷凍してください。

大きな鍋に油大さじ 1 を中火で熱します。エシャロットとニンジンを加えます。蓋をして 5 分間調理します。ジャガイモ、タイム、セイボリー、セーボリー、塩コショウを加えて味を調えます。取っておいた調理液 1 1/2 カップを加えて沸騰させます。火を弱め、蓋をして 20 分間煮ます。

取っておいたセイタンを残りの大さじ 1 杯の油とパプリカでこすります。とろとろになった野菜の上にセイタンを置きます。蓋をして、野菜が柔らかくなるまでさらに約 20 分間調理を続けます。セイタンを薄いスライスに切り、調理済みの野菜を囲むように大きな皿に並べます。ホースラディッシュを添えて、すぐにお召し上がりください。

75.ほぼ一品料理の感謝祭ディナー

6 食分が作れます

- オリーブオイル 大さじ 2
- 玉ねぎのみじん切り 1 カップ
- セロリリブ 2 本（細かく刻む）
- スライスしたホワイトマッシュルーム 2 カップ
- 乾燥タイム小さじ $1/2$
- 乾燥セイボリー小さじ $1/2$
- たセージ小さじ $1/2$
- ナツメグをつまむ
- 塩と挽きたての黒胡椒
- 焼きたての角切りパン 2 カップ
- 2 $1/2$ カップ（自家製（ライト野菜スープを参照）または市販品）
- 加糖ドライクランベリー $1/3$ カップ
- 8 オンスの超木綿豆腐、水を切り、$1/4$ インチのスライスに切ります。
- 8 オンスのセイタン、自家製または市販品、非常に薄くスライス
- 基本のマッシュポテト 2 $1/2$ カップ
- 解凍した冷凍パイ生地 1 枚

オーブンを 400°F に予熱します。10 インチの正方形のグラタン皿に軽く油を塗ります。大きなフライパンに油を中火で熱します。玉ねぎとセロリを加えます。蓋をして柔らかくなるまで約 5 分間煮ます。マッシュルーム、タイム、セイボリー、セージ、ナツメグ、塩コショウを加えて混ぜ、味を調えます。蓋をせず、キノコが柔らかくなるまでさらに約 3 分煮ます。脇に置いておきましょう。

大きなボウルに、角切りしたパンと、湿らせるのに必要な量のスープを混ぜ合わせます（約

1 $1/2$ カップ）。調理した野菜混合物、クルミ、クランベリーを加えます。よくかき混ぜて脇に置きます。

同じフライパンで残りのスープ 1 カップを沸騰させ、火を中
火に下げ、豆腐を加え、蓋をせずにスープが吸収されるま
で約 10 分間煮ます。脇に置いておきましょう。

準備しておいたグラタン皿の底に、準備した詰め物の半分
を広げ、続いてセイタンの半分、豆腐の半分、ブラウンソー
スの半分を置きます。残りの詰め物で重ね塗りを繰り返し、
セイタン、豆腐、鴨ソース。

76.セイタンミラネーゼ パンコとレモン添え

4 回分が作れます

- パン粉 2 カップ
- $^1/_4$ カップ
- 塩 小さじ $^{1/2}$
- 挽きたての黒 胡椒 小さじ $^{1/4}$
- セイタン 1 ポンド（自家製または市販品）を $^1/_4$ インチの スライスに切ります。
- オリーブオイル 大さじ 2
- レモン 1 個、くし形に切る

オーブンを 250°F に予熱します。大きなボウルにパン粉、パ セリ、塩、コショウを入れて混ぜます。セイタンを少量の水 で湿らせ、パン粉混合物に浸します。

大きなフライパンに油を入れ、中火で加熱します。セイタン を加え、必要に応じて数回に分けて、一度裏返し、きつね 色になるまで調理します。調理したセイタンを天板に移し、 残りを調理する間オーブンで温めておきます。レモンを添え てすぐにお召し上がりください。

77.胡麻入りセイタン

4 回分が作れます

- ごま ^{1/3} カップ _
- 中力粉 $1/_{3 カップ}$
- 塩 小さじ ^{1/2} _
- 挽きたての黒 胡椒 小さじ 1/4
- 普通の無糖豆乳 $^1/_{2 カップ}$
- 1 ポンドのセイタン、自家製または市販のセイタン、$^1/_4$ インチのスライスに切る
- オリーブオイル 大さじ 2

乾いたフライパンにゴマを入れて中火にかけ、絶えずかき混ぜながら明るい黄金色になるまで 3〜4 分間トーストします。冷ましてから、フードプロセッサーまたはスパイスグラインダーで粉砕します。

浅いボウルにすりごまを入れ、小麦粉、塩、こしょうを加えてよく混ぜます。浅いボウルに豆乳を入れます。セイタンを豆乳に浸し、胡麻和えに漬け込みます。

大きなフライパンに油を中火で熱します。必要に応じてセイタンを数回に分けて加え、両面がこんがりきつね色になるまで約 10 分間調理します。すぐにお召し上がりください。

78.アーティチョークとオリーブのセイタン

4 回分が作れます

- オリーブオイル 大さじ 2
- 1 ポンドのセイタン（自家製または市販品）を $1/4$ インチのスライスに切ります。
- ニンニク 2 片（みじん切り）
- 角切りトマト 1 缶（14.5 オンス）、水気を切る
- 缶詰または冷凍（調理済み）アーティチョークのハート 1 $1/2$ カップ、$1/4$ インチのスライスに切る
- ケッパー 大さじ 1
- 新鮮なパセリのみじん切り 大さじ 2
- 塩と挽きたての黒胡椒
- 豆腐フェタチーズ 1 カップ（お好みで）

オーブンを 250°F に予熱します。大きなフライパンに油大さじ 1 を入れて中火にかけます。セイタンを加えて両面に焼き色をつけ、約 5 分焼きます。セイタンを耐熱皿に移し、オーブンで温めます。

同じフライパンに残りの油大さじ 1 を入れて中火で加熱します。にんにくを加え、香りが立つまで約 30 秒炒めます。トマト、アーティチョークの芯、オリーブ、ケッパー、パセリを加えます。塩とコショウで味を調え、熱くなるまで約 5 分間調理します。脇に置いておきましょう。

セイタンを皿に置き、野菜ミックスを上に乗せ、豆腐フェタチーズを使う場合はそれを振りかけます。すぐにお召し上がりください。

79.セイタン アンチョチポトレソース

4 回分が作れます

- オリーブオイル 大さじ 2
- 玉ねぎ中 1 個（みじん切り）
- にんじん中 2 本（みじん切り）
- ニンニク 2 片（みじん切り）
- 砕いた直火焼きトマト缶 1 缶（28 オンス）
- $^1/_2$ カップ、自家製（ライト野菜スープを参照）または市販品
- 乾燥アンチョチリ 2 個
- 乾燥チポトレチリ 1 個
- イエローコーン ミール $^{1/2}$ カップ
- 塩 小さじ $^{1/2}$
- 挽きたての黒 胡椒 小さじ $^{1/4}$
- 1 ポンドのセイタン（自家製または市販品）を $^1/_4$ インチのスライスに切ります。

大きな鍋に油大さじ 1 を中火で熱します。玉ねぎとにんじんを加え、蓋をして 7 分間煮ます。ニンニクを加えて 1 分間調理します。トマト、スープ、アンチョチリとチポトレチリを加えて混ぜます。蓋をせずに 45 分間煮て、ソースをブレンダーに注ぎ、滑らかになるまで混ぜます。鍋に戻し、極弱火で温めます。

浅いボウルにコーンミールと塩、コショウを入れて混ぜます。セイタンをコーンミール混合物に浸し、均一にコーティングします。

大きなフライパンに残り大さじ 2 杯の油を中火で加熱します。セイタンを加え、両面に焼き色がつくまで合計約 8 分焼きます。すぐにチリソースを添えてお召し上がりください。

80.セイタンピカタ

4 回分が作れます

- セイタン 1 ポンド（自家製または市販品）$^{1}/_{4}$ インチのスライスに切る 塩、挽きたての黒コショウ
- 中力粉 $^{1/2}$ カップ
- オリーブオイル 大さじ 2
- 中くらいのエシャロット 1 個（みじん切り）
- ニンニク 2 片（みじん切り）
- ケッパー 大さじ 2
- 白ワイン $^{1/3}$ カップ
- $^{1}/_{3}$ カップ、自家製（ライト野菜スープを参照）または市販品
- 新鮮なレモン汁 大さじ 2
- ビーガンマーガリン 大さじ 2
- 新鮮なパセリのみじん切り 大さじ 2

オーブンを 275°F に予熱します。セイタンに塩、こしょうで味を調え、小麦粉をまぶす。

大きなフライパンに油大さじ 2 を中火で熱します。浚渫したセイタンを加え、両面に軽く焼き色がつくまで約 10 分間焼きます。セイタンを耐熱皿に移し、オーブンで温めます。

同じフライパンに残りの油大さじ 1 を入れて中火で加熱します。エシャロットとニンニクを加え、2 分間調理し、ケッパー、ワイン、スープを加えてかき混ぜます。1〜2 分間煮てわずかに量を減らし、レモン汁、マーガリン、パセリを加え、マーガリンがソースに溶け込むまでかき混ぜます。焼き色がついたセイタンにソースをかけて、すぐにお召し上がりください。

81.スリーシードセイタン

4 回分が作れます

- $^1/_4$ カップ
- 無塩の殻付きカボチャの種 （ペピータス） $^1/_4$ カップ
- ゴマ $^{1/4}$ カップ＿
- 中力粉 3/4 カップ
- コリアンダー 小さじ 1
- スモークパプリカ 小さじ 1
- 塩 小さじ $^{1/2}$ ＿
- 挽きたての黒 胡椒 小さじ $^{1/4}$
- 1 ポンドのセイタン （自家製または市販のもの）を一口サイズに切ります。
- オリーブオイル 大さじ 2

フードプロセッサーで、ひまわりの種、かぼちゃの種、ごまを混ぜ合わせ、粉末にします。浅いボウルに移し、小麦粉、コリアンダー、パプリカ、塩、コショウを加えて混ぜます。

セイタン片を水で湿らせ、種子混合物を浚渫して完全にコーティングします。

大きなフライパンに油を中火で熱します。セイタンを加え、両面に軽く焼き色がつきカリカリになるまで焼きます。すぐにお召し上がりください。

82.国境なきファヒータ

4 回分が作れます

- オリーブオイル 大さじ 1
- 小さな赤玉ねぎ 1 個（みじん切り）
- 10 オンスのセイタン（自家製または市販品）を $1/2$ インチの細片に切ります。
- 缶詰のホットまたはマイルドみじん切りグリーンチリ $1/4$ カップ
- 塩と挽きたての黒胡椒
- (10 インチ) 薄力粉トルティーヤ
- トマトサルサ 2 カップ（自家製（フレッシュトマトサルサを参照）または市販品）

大きなフライパンに油を中火で熱します。玉ねぎを加え、蓋をし、柔らかくなるまで約 7 分間煮ます。セイタンを加え、蓋をせずに 5 分間調理します。

サツマイモ、チリ、オレガノ、塩コショウを加えて味を調え、よく混ぜます。混合物が熱くなり、味がよく混ざるまで、時々かき混ぜながら約 7 分間調理を続けます。

トルティーヤを乾いたフライパンで温めます。各トルティーヤを浅いボウルに置きます。セイタンとサツマイモを混ぜたものをスプーンですくってトルティーヤに入れ、それぞれの上にサルサ約 $1/3$ カップを乗せます。それぞれふりかける オリーブを使用する場合は、ボウルに大さじ 1 杯のオリーブを入れます。残ったサルサを添えて、すぐにお召し上がりください。

83.セイタン with グリーンアップルレリッシュ

4回分が作れます

- グラニースミスリンゴ 2 個（粗く刻む）
- 細かく刻んだ赤玉ねぎ $^1/_2$ カップ
- チリ・ハラペーニョ $^1/_2$ （種を取り、みじん切りにする）
- 新生姜のすりおろし 小さじ 1 $^{1/2}$
- 新鮮なライムジュース 大さじ 2
- リュウゼツランの蜜 小さじ 2
- 塩と挽きたての黒胡椒
- オリーブオイル 大さじ 2
- 1 ポンドのセイタン（自家製または市販品）を $^1/_2$ インチの
  スライスに切ります。

中くらいのボウルに、リンゴ、タマネギ、チリ、ショウガ、ライム
ジュース、リュウゼツランの蜜、塩コショウを入れて混ぜ合わ
せます。脇に置いておきましょう。

フライパンに油を中火で熱します。セイタンを加え、両面に
焼き色がつくまで一度裏返し、片面約 4 分ずつ焼きます。
塩とコショウで味を調えます。リンゴジュースを加え、量が減
るまで 1 分間煮ます。すぐにリンゴのレリッシュと一緒にお
召し上がりください。

84.セイタンとブロッコリー椎茸炒め

4回分が作れます

- キャノーラ油またはグレープシード油 大さじ2
- 10 オンスのセイタン（自家製または市販品）を $\frac{1}{4}$ インチのスライスに切ります。
- ニンニク3片（みじん切り）
- 新生姜のすりおろし 小さじ2
- ねぎ、みじん切り
- ブロッコリーの中束1個、1インチの小花に切る
- 醤油 大さじ3
- ドライシェリー酒 大さじ2
- 煎りごま油 小さじ1
- 煎りごま 大さじ1

大きなフライパンに油大さじ1を入れて中火にかけます。セイタンを加え、軽く茶色になるまで時々かき混ぜながら約3分間調理します。セイタンをボウルに移し、脇に置きます。

同じフライパンに残りの大さじ1杯の油を入れて中火にかけます。キノコを加え、頻繁にかき混ぜながら、きつね色になるまで約3分間炒めます。にんにく、生姜、ねぎを加えて30秒ほど炒めます。キノコの混合物を調理済みのセイタンに加え、脇に置きます。

同じフライパンにブロッコリーと水を加えます。蓋をして、ブロッコリーが明るい緑色になり始めるまで約3分間煮ます。蓋を開け、頻繁にかき混ぜながら、液体が蒸発してブロッコリーがカリカリとした柔らかさになるまで、さらに約3分間調理します。

セイタンとキノコの混合物をフライパンに戻します。醤油とシェリー酒を加え、セイタンと野菜が熱くなるまで約3分間炒めます。ごま油とごまをふりかけて、すぐにお召し上がりください。

85.セイタンの桃のブロシェット

4 回分が作れます

- バルサミコ酢 $^{1/3}$ カップ
- 辛口赤ワイン 大さじ 2
- ライトブラウンシュガー 大さじ 2
- $^{1}/_{4}$ カップ
- $^{1}/_{4}$ カップ
- ニンニクのみじん切り 大さじ 2
- オリーブオイル 大さじ 2
- セイタン 1 ポンド（自家製または市販品）を 1 インチの塊に切る
- エシャロット（縦半分に切り、湯通しする）
- 塩と挽きたての黒胡椒
- 熟した桃 2 個、種を取り、1 インチの塊に切る

小鍋に酢、ワイン、砂糖を入れて混ぜ、沸騰させます。火を中程度に下げ、半分の量になるまでかき混ぜながら約 15 分間煮ます。火から下ろします。

大きなボウルにバジル、マジョラム、ニンニク、オリーブオイルを入れて混ぜます。セイタン、エシャロット、桃を加えて混ぜます。塩、コショウで味を調える

グリルを予熱します。*セイタン、エシャロット、桃を串に刺し、バルサミコミックスを刷毛で塗ります。

ブロシェットをグリルに置き、セイタンと桃が焼き色がつくまで片面約 3 分ずつ焼きます。残りのバルサミコ混合物を刷毛で塗り、すぐにお召し上がりください。

*グリルする代わりに、これらのブロシェットをブロイラーの下に置くこともできます。火から 4〜5 インチの高さを熱して端の周りに軽く茶色になるまで約 10 分間焼き、途中で一度裏返します。

86.セイタンと野菜のグリル

4 回分が作れます

- バルサミコ酢 $^{1/3}$ カップ
- オリーブオイル 大さじ 2
- みじん切りにした新鮮なオレガノ 大さじ 1、または乾燥した オレガノ 小さじ 1
- ニンニク 2 片 （みじん切り）
- 塩 小さじ $^{1/2}$
- 挽きたての黒 胡椒 小さじ $^{1/4}$
- 1 ポンドのセイタン（自家製または市販のもの）を 1 インチ の立方体に切ります。
- 7 オンスの小さな白いキノコ、軽くすすぎ、軽くたたくように 乾燥させた
- 小さなズッキーニ 2 個、1 インチの塊に切る
- 中くらいの黄色のピーマン 1 個、1 インチの正方形に切る
- 熟したチェリートマト

中くらいのボウルに、酢、油、オレガノ、タイム、ニンニク、塩、黒コショウを入れて混ぜます。セイタン、マッシュルーム、ズッキーニ、ピーマン、トマトを加え、裏返してコーティングします。時々ひっくり返しながら、室温で 30 分間マリネします。セイタンと野菜の水気を切り、マリネ液は取っておきます。

グリルを予熱します。※セイタン、マッシュルーム、トマトを串に刺します。

熱いグリルに串を置き、途中でケバブを裏返しながら、合計約 10 分間調理します。取っておいたマリネを少量かけて、すぐにお召し上がりください。

※グリルの代わりに、この串をブロイラーの下に置いても大丈夫です。火から 4〜5 インチの高さを熱して端の周りに軽く茶色になるまで、約 10 分間焼きます。途中で一度裏返します。

87.セイタン・アン・クルート

4 回分が作れます

- オリーブオイル 大さじ 1
- 中くらいのエシャロット 2 個（みじん切り）
- オンスのホワイトマッシュルーム、みじん切り
- マデイラ $1/4$ カップ
- 新鮮なパセリのみじん切り 大さじ 1
- 乾燥タイム小さじ $1/2$
- 乾燥セイボリー小さじ $1/2$
- 細かく刻んだ乾燥パンキューブ 2 カップ
- 塩と挽きたての黒胡椒
- 冷凍パイシート 1 枚（解凍済み）
- （厚さ $1/4$ インチ）セイタンを約 3 X 4 インチの楕円形または長方形にスライスし、軽く叩いて乾燥させます。

大きなフライパンに油を中火で熱します。エシャロットを加え、柔らかくなるまで約 3 分間煮ます。キノコを加え、時々かき混ぜながら、キノコが柔らかくなるまで約 5 分間煮ます。マディエラ、パセリ、タイム、セイボリーを加え、液体がほとんど蒸発するまで煮ます。角切りしたパンを加えて混ぜ、塩、コショウで味を調えます。冷ますために置いておきます。

平らな作業面上の大きなプラスチックフィルムラップの上にパイ生地シートを置きます。別のラップをかぶせ、めん棒を使って生地を少し伸ばして平らにします。パイ生地を 4 等分に切ります。各ペストリーの中央にセイタンのスライスを 1 枚置きます。詰め物を二人に分けて、セイタンを覆うように広げます。それぞれに残りのセイタンのスライスをトッピングします。パイ生地を折りたたんでフィリングを包み、端を指で圧着して密閉します。ペーストリーのパッケージを縫い目を下にして、油を塗っていない大きなベーキングシートの上に置き、冷蔵庫で 30 分間冷やします。オーブンを 400°F に予熱します。生地がきつね色になるまで約 20 分焼きます。すぐにお召し上がりください。

88.セイタンとポテトのトルタ

6 食分が作れます

- オリーブオイル 大さじ 2
- 中くらいの黄玉ねぎ 1 個（みじん切り）
- 刻んだ新鮮なベビーほうれん草または茎付きフダンソウ 4 カップ
- 8 オンスのセイタン、自家製または市販品、細かく刻んだもの
- フレッシュマジョラムのみじん切り 小さじ 1
- フェンネル シード 小さじ $1/2$
- 砕いた赤唐辛子 小さじ $1/4$ 〜 $1/2$
- 塩と挽きたての黒胡椒
- $1/4$ インチのスライスに切る
- ビーガンパルメザンチーズまたはパルマシオ $1/2$ カップ

オーブンを 400°F に予熱します。3 クォートのキャセロールまたは 9 x 13 インチのベーキングパンに軽く油を塗り、脇に置きます。

大きめのフライパンに油大さじ 1 を中火で熱します。玉ねぎを加え、蓋をし、柔らかくなるまで約 7 分間煮ます。ほうれん草を加え、蓋をせず、しおれるまで約 3 分間調理します。セイタン、マジョラム、フェンネルシード、砕いた赤唐辛子を加えてよく混ぜるまで炒めます。塩とコショウで味を調えます。脇に置いておきましょう。

準備しておいた鍋の底にトマトのスライスを広げます。その上にジャガイモのスライスを少し重ねて重ねます。ジャガイモの層に残りの大さじ1杯の油を刷毛で塗り、塩とコショウで味を調えます。セイタンとほうれん草の混合物の約半分をジャガイモの上に広げます。その上にジャガイモをもう一枚重ね、その上に残りのセイタンとほうれん草の混合物を乗せます。最後の層のジャガイモを上に乗せ、残りの油と塩、コショウをかけて味を調えます。パルメザンチーズをふりかけます。蓋をしてジャガイモが柔らかくなるまで45分から1時間焼きます。蓋を外し、表面が茶色になるまで10〜15分間焼き続けます。すぐにお召し上がりください。

89.素朴なコテージパイ

4〜6 人前が作れます

- ユーコンゴールドポテトの皮をむき、1 インチのサイコロ状に切る
- ビーガンマーガリン 大さじ 2
- 無糖豆乳 $1/4$ カップ
- 塩と挽きたての黒胡椒
- オリーブオイル 大さじ 1
- 中くらいの黄色のタマネギ 1 個、細かく刻む
- ニンジン中 1 本、細かく刻む
- セロリリブ 1 本（細かく刻む）
- オンスのセイタン、自家製または市販品、細かく刻んだもの
- 冷凍エンドウ豆 1 カップ
- 冷凍トウモロコシ粒 1 カップ
- 乾燥セイボリー 小さじ 1
- 乾燥タイム小さじ $1/2$

沸騰した塩水を鍋に入れ、ジャガイモが柔らかくなるまで 15〜20 分間調理します。水をよく切って鍋に戻します。マーガリン、豆乳、塩、コショウを加えて味を調える。ポテトマッシャーで粗く潰し、置いておきます。オーブンを 350°F に予熱します。

大きなフライパンに油を中火で熱します。玉ねぎ、にんじん、セロリを加えます。蓋をして柔らかくなるまで約 10 分間煮ます。野菜を 9 x 13 インチの天板に移します。セイタン、マッシュルームソース、エンドウ豆、コーン、セイボリー、タイムを加えて混ぜます。塩、こしょうで味を調え、天板に均等に広げます。

その上にマッシュポテトを乗せ、天板の端まで広げます。ジャガイモが茶色になり、詰め物が泡立つまで約 45 分間焼きます。すぐにお召し上がりください。

90.ほうれん草とトマトのセイタン

4 回分が作れます

- オリーブオイル 大さじ 2
- 1 ポンドのセイタン（自家製または市販品）を $1/4$ インチの細片に切ります。
- 塩と挽きたての黒胡椒
- ニンニク 3 片 （みじん切り）
- 新鮮なベビーほうれん草 4 カップ
- 油をたっぷり含んだサンドライトマトを $1/4$ インチの細切りに切ります。
- 種なしカラマタオリーブ、半分に切る $1/2$ カップ
- ケッパー 大さじ 1
- 砕いた赤唐辛子小さじ $1/4$

大きなフライパンに油を中火で熱します。セイタンを加え、塩、黒コショウで味を調え、きつね色になるまで片面約 5 分ずつ焼きます。

にんにくを加え、柔らかくなるまで 1 分間煮ます。ほうれん草を加え、しおれるまで約 3 分間煮ます。トマト、オリーブ、ケッパー、砕いた赤唐辛子を加えて混ぜます。塩、黒胡椒で味を調えます。味が混ざるまで、かき混ぜながら約 5 分間調理します

すぐにお召し上がりください。

91.セイタンとホタテ芋

4 回分が作れます

- オリーブオイル 大さじ2
- 小さな黄玉ねぎ 1 個（みじん切り）
- みじん切りにしたピーマン $^1/_4$ カップ
- $^1/_4$ インチのスライスに切る
- 塩 小さじ $^{1/2}$
- 挽きたての黒 胡椒 小さじ $^{1/4}$
- 10 オンスのセイタン、自家製または市販品、みじん切り
- 普通の無糖豆乳 $^1/_2$ カップ
- ビーガンマーガリン 大さじ1
- 付け合わせとして新鮮なパセリのみじん切り 大さじ2

オーブンを 350°F に予熱します。10 インチの正方形のベーキングパンに軽く油を塗り、脇に置きます。

フライパンに油を中火で熱します。玉ねぎとピーマンを加え、柔らかくなるまで約 7 分間煮ます。脇に置いておきましょう。

準備しておいた天板にジャガイモの半分を重ね、塩と黒コショウをふりかけて味を調えます。玉ねぎとピーマンの混合物と刻んだセイタンをジャガイモの上に振りかけます。残りのジャガイモのスライスを上に置き、塩と黒コショウで味を調えます。

中くらいのボウルにブラウンソースと豆乳を入れ、よく混ざるまで混ぜます。ジャガイモの上に注ぎます。上の層にマーガリンを点在させ、ホイルでしっかりと覆います。1 時間焼きます。ホイルを外し、さらに 20 分間、または表面がきつね色になるまで焼きます。すぐにパセリをふりかけてお召し上がりください。

92.韓国麺炒め

4 回分が作れます

- 8 オンスのダンミョンまたは豆糸麺
- 煎りごま油 大さじ 2
- 砂糖 大さじ 1
- 塩 小さじ 1/4
- カイエン 粉末 小さじ 1/4
- キャノーラ油またはグレープシード油 大さじ 2
- 8 オンスのセイタン（自家製または市販のもの）を 1/4 インチの細片に切ります。
- 玉ねぎ中 1 個、縦半分に切り、薄切りにする
- にんじん中 1 本、細いマッチ棒状に切る
- 6 オンスの新鮮な椎茸、茎を取り、薄くスライス
- 細かくスライスしたチンゲン菜または他のアジアのキャベツ 3 カップ
- ネギ 3 本（みじん切り）
- ニンニク 3 片（細かくみじん切り）
- もやし 1 カップ
- 飾り用ごま 大さじ 2

麺を熱湯に 15 分間浸します。水を切り、冷水ですすいでください。脇に置いておきましょう。

小さなボウルに醤油、ごま油、砂糖、塩、カイエンペッパーを入れて混ぜ、置いておきます。

大きなフライパンに油大さじ 1 を入れて中火にかけます。セイタンを加え、茶色になるまで約 2 分間炒めます。フライパンから取り出して脇に置きます。

同じフライパンに残りの大さじ 1 のキャノーラ油を加え、中火〜強火で加熱します。玉ねぎとにんじんを加え、柔らかくなるまで約 3 分間炒めます。キノコ、チンゲン菜、ネギ、ニンニクを加え、柔らかくなるまで約 3 分間炒めます。

もやしを加えて 30 秒炒め、茹でた麺、こんがり焼いたセイタン、しょうゆを加えて混ぜ合わせます。時々かき混ぜながら、材料が熱くなってよく混ざるまで、3〜5 分間調理を続けます。大きめのお皿に移し、ごまをふり、すぐにお召し上がりください。

93.ジャークスパイス小豆チリ

4 回分が作れます

- オリーブオイル 大さじ 1
- 玉ねぎ中 1 個（みじん切り）
- 10 オンスのセイタン、自家製または市販品、みじん切り
- 調理済みの 3 カップ、または濃い赤インゲン豆の缶 2 缶 （15.5 オンス）、水を切り、すすいでください。
- (14.5 オンス) クラッシュトマト缶
- （14.5 オンス）トマトの角切り、水気を切る缶詰
- （4 オンス）マイルドまたはホット青唐辛子を刻んで水気 を切ることができます
- $^1/_2$ カップ（自家製または市販品）
- 水 1 カップ
- 醤油 大さじ 1
- チリパウダー 大さじ 1
- 粉末クミン 小さじ 1
- オールスパイス粉末 小さじ 1
- 砂糖 小さじ 1
- 粉末オレガノ小さじ $^{1/2}$
- カイエン粉末小さじ $^{1/4}$
- 塩小さじ $^{1/2}$ _
- 挽きたての黒胡椒小さじ $^{1/4}$

大きな鍋に油を中火で熱します。玉ねぎとセイタンを加え ます。蓋をして、玉ねぎが柔らかくなるまで約 10 分間煮ま す。

インゲン豆、砕いたトマト、角切りトマト、チリを加えて混ぜ ます。バーベキューソース、水、醤油、チリパウダー、クミン、 オールスパイス、砂糖、オレガノ、カイエンペッパー、塩、黒コ ショウを加えて混ぜます。

沸騰したら中火にし、蓋をして野菜が柔らかくなるまで約４５分間煮ます。蓋を開けてさらに 10 分ほど煮ます。すぐにお召し上がりください。

94.秋のメドレーシチュー

4〜6 人前が作れます

- オリーブオイル 大さじ 2
- 10 オンスのセイタン（自家製または市販品）を 1 インチの立方体に切ります
- 塩と挽きたての黒胡椒
- 大きめの黄玉ねぎ 1 個（みじん切り）
- ニンニク 2 片（みじん切り）
- 大きなラセットポテト 1 個、皮をむき、$1/2$ インチのサイコロ状に切ります。
- 中くらいのパースニップ 1 個、$1/4$ インチのサイコロ状に切ります。
- 小さなバターナッツかぼちゃ 1 個、皮をむき、半分に切り、種を取り、$1/2$ インチのサイコロ状に切ります。
- 小さめのサボイキャベツ 1 個（みじん切り）
- 角切りトマト 1 缶（14.5 オンス）、水気を切る
- 1 $1/2$ カップ、またはひよこ豆 1 缶（15.5 オンス）を水切りして洗います
- 自家製野菜スープ（「ライト野菜スープ」を参照）または市販の野菜スープ、または水 2 カップ
- 乾燥マジョラム小さじ $1/2$
- 乾燥タイム小さじ $1/2$
- $1/2$ カップ

大きなフライパンに油大さじ 1 を入れて中火にかけます。セイタンを加え、両面がきつね色になるまで約 5 分間焼きます。塩、コショウで味を調え、置いておきます。

大きな鍋に残りの大さじ 1 の油を中火で加熱します。玉ねぎとニンニクを加えます。蓋をして柔らかくなるまで約 5 分間煮ます。ジャガイモ、ニンジン、パースニップ、カボチャを加えます。蓋をして柔らかくなるまで約 10 分間煮ます。

キャベツ、トマト、ひよこ豆、スープ、ワイン、マジョラム、タイム、塩コショウを加えて混ぜます。沸騰したら弱火にします。蓋をして時々かき混ぜながら、野菜が柔らかくなるまで約45分間煮ます。茹でたセイタンとパスタを加え、パスタが柔らかくなり味がなじむまでさらに10分ほど煮ます。すぐにお召し上がりください。

95.セイタンのイタリアンライス

4 回分が作れます

- 水 2 カップ
- 長粒玄米または白米 1 カップ
- オリーブオイル 大さじ 2
- 中くらいの黄玉ねぎ 1 個、みじん切りにする
- ニンニク 2 片 （みじん切り）
- 10 オンスのセイタン、自家製または市販品、みじん切り
- ホワイトマッシュルーム 4 オンス （みじん切り）
- 乾燥バジル 小さじ 1
- フェンネルシード小さじ 1/2
- 砕いた赤唐辛子小さじ 1/4
- 塩と挽きたての黒胡椒

大きな鍋に水を入れ、強火で沸騰させます。ご飯を加え、火を弱め、蓋をし、柔らかくなるまで約 30 分間煮ます。

大きなフライパンに油を中火で熱します。玉ねぎを加え、蓋をし、柔らかくなるまで約 5 分間煮ます。セイタンを加え、蓋をせずに焼き色がつくまで焼きます。キノコを加えて炒め、柔らかくなるまでさらに約 5 分煮ます。バジル、フェンネル、砕いた赤唐辛子、塩、黒胡椒を加えて混ぜます。

炊き上がったご飯を大きめの丼に移します。セイタン混合物を加えてよく混ぜます。黒胡椒をたっぷりかけて、すぐにお召し上がりください。

96.ツーポテトハッシュ

4 回分が作れます

- オリーブオイル 大さじ 2
- 赤玉ねぎ中 1 個（みじん切り）
- 中くらいの赤または黄色のピーマン、みじん切り
- 調理済みの中くらいのラセットポテト 1 個、皮をむいて 1/2 インチのサイコロ状に切る
- 調理済みの中くらいのサツマイモ 1 本、皮をむき、1/2 インチのサイコロ状に切ります。
- 自家製みじん切りセイタン 2 カップ
- 塩と挽きたての黒胡椒

大きなフライパンに油を中火で熱します。玉ねぎとピーマンを加えます。蓋をして柔らかくなるまで約 7 分間煮ます。

白芋、さつまいも、セイタンを加え、塩、こしょうで味を調える。蓋をせず、軽く茶色になるまで頻繁にかき混ぜながら約 10 分間調理します。温かいままお召し上がりください。

97.サワークリームセイタンエンチラーダ

8 人前
材料

セイタン
- 重要な小麦グルテン粉 1 カップ
- ひよこ豆粉 1/4 カップ
- ニュートリショナルイースト 1/4 カップ
- オニオンパウダー 小さじ 1
- ガーリックパウダー 小さじ 1/2
- 野菜ストックパウダー 小さじ 1 1/2
- 水 1/2 カップ
- 絞りたてのレモン汁 大さじ 2
- 醤油 大さじ 2
- 野菜スープ 2 カップ

サワークリームソース
- ビーガンマーガリン 大さじ 2
- 小麦粉 大さじ 2
- 野菜スープ 1 1/2 カップ
- ビーガンサワークリーム 2 カートン（8 オンス）
- サルサベルデ（トマティージョサルサ） 1 カップ
- 塩 小さじ 1/2
- 挽いた白コショウ 小さじ 1/2
- 刻んだコリアンダー 1/4 カップ

エンチラーダ
- オリーブオイル 大さじ 2
- 玉ねぎ中 1/2 個（みじん切り）
- ニンニク 2 片（みじん切り）
- セラーノ唐辛子 2 本（みじん切り）（ヒントを参照）

- トマトペースト 1/4 カップ
- 水 1/4 カップ
- クミン 大さじ 1
- チリパウダー 大さじ 2
- 塩 小さじ 1
- コーントルティーヤ 15〜20 枚
- ダイヤ チェダー スタイル シュレッド 1 (8 オンス) パッケージ
- 刻んだコリアンダー 1/2 カップ

方法

a) セイタンを準備します。オーブンを華氏 325 度に予熱します。蓋付きのキャセロール皿に焦げ付き防止スプレーで軽く油を塗ります。小麦粉、栄養イースト、スパイス、野菜ストックパウダーを大きなボウルに入れて混ぜます。小さなボウルに水、レモン汁、醤油を入れて混ぜます。湿った材料を乾燥した材料に加え、生地が形成されるまでかき混ぜます。必要に応じて水またはグルテンの量を調整します（ヒントを参照）。生地を 5 分間こねてから、パンの形に成形します。セイタンをキャセロール皿に置き、野菜スープ 2 カップで覆います。蓋をして 40 分間調理します。パンをひっくり返し、蓋をしてさらに 40 分焼きます。セイタンを皿から取り出し、十分に冷めるまで休ませます。

b) セイタンパンの上部にフォークを差し込み、片手で固定します。2 本目のフォークを使ってパンを細かく刻み、砕きます。

c) サワークリームソースを準備します。大きめの鍋にマーガリンを入れて中火で溶かします。小麦粉を泡立て器で混ぜ、1 分間調理します。滑らかになるまで絶えず泡立てながら、野菜スープをゆっくりと注ぎます。ソースが濃くなるまで泡立て続けながら 5 分間煮ます。サワークリームとサルサベルデを加えて混ぜ、残りのソース材料を加えて混ぜます。沸騰させないで、火が通るまで煮てください。火から下ろして脇に置きます。

d) エンチラーダを準備します。大きな鍋にオリーブオイルを入れて中火で加熱します。玉ねぎを加え、5 分間または半透

明になるまで調理します。ニンニクとセラーノ唐辛子を加え、さらに1分間調理します。細切りセイタン、トマトペースト、クミン、チリパウダー、塩を加えて混ぜます。2分間調理し、火から下ろします。

e) オーブンを華氏350度に予熱します。トルティーヤをフライパンまたは電子レンジで温め、キッチンタオルで覆います。サワークリームソース1カップを5クォートのグラタン皿の底に沿って広げます。細切りセイタン混合物わずか1/4カップと大さじ1杯のダイヤをトルティーヤの上に置きます。丸めて、継ぎ目を下にしてグラタン皿に置きます。残りのトルティーヤでも繰り返します。エンチラーダを残りのサワークリームソースで覆い、ダイヤを振りかけます。

f) エンチラーダを25分間、または泡が立って軽く茶色になるまで焼きます。10分間少し冷まします。刻んだコリアンダー1/2カップをふりかけて、お召し上がりください。

98.ヴィーガン詰めセイタンロースト

材料

      セイタンの場合：

- ニンニク 4 片（大きめ）
- 冷やした野菜スープ 350ml
- ひまわり油 大さじ 2
- マーマイト 小さじ 1 （オプション）
- 活力のある小麦グルテン 280g
- ニュートリショナルイーストフレーク 大さじ 3
- スイートパプリカ 小さじ 2
- 野菜ブイヨンパウダー 小さじ 2
- 新鮮なローズマリーニードル 小さじ 1
- 黒コショウ 小さじ 1/2

プラス：

- ビーガン赤キャベツとキノコの詰め物 500 g
- スパイシーかぼちゃピューレ 300g
- メートル法 - 米国の慣例

手順

a) オーブンを 180°C (350°F/ガスマーク 4) に予熱します。

b) 大きなミキシングボウルに、重要な小麦グルテン、ニュートリショナルイースト、ブイヨンパウダー、パプリカ、ローズマリー、黒コショウを混ぜ合わせます。

c) ブレンダー（カウンタートップまたは浸漬）を使用して、ニンニク、だし汁、油、マーマイトを一緒に混ぜ合わせ、乾燥した材料に加えます。

d) すべてが混ざるまでよく混ぜ、5 分間こねます。(注 1)

e) 大きなシリコンベーキングクッキングシートの上で、セイタンを厚さ約 1.5cm （1/2 インチ）になるまで、漠然と長方形の形に伸ばします。

f) かぼちゃのピューレをたっぷりと塗り、キャベツときのこの詰め物を重ねます。

g) ベーキングクッキングシートを使用して、短い端の一方から始めて、セイタンを丸太の形に慎重に巻き上げます。このとき、セイタンを伸ばさないようにしてください。セイタンの端を一緒に押して密閉します。

h) 丸太をアルミホイルでしっかり包みます。ホイルが薄い場合は、2 つまたは 3 つの層を使用します。

i) （私は巨大なトフィーのように包み、ホイルの端をしっかりとねじって解けないようにします。）

j) セイタンをオーブンの中央の棚に直接置き、均等に火が通り焦げ目がつくように、30 分ごとに裏返しながら 2 時間調理します。

k) 調理が完了したら、詰めたセイタンローストをラップの中で 20 分間休ませてからスライスします。

l) 伝統的なロースト野菜、作り置きのマッシュルームグレービーソース、その他お好みのトッピングを添えてお召し上がりください。

100.キューバセイタンサンドイッチ

材料

- モジョローストセイタン：
- フレッシュオレンジジュース 3/4 カップ
- 新鮮なライムジュース 大さじ 3
- オリーブオイル 大さじ 3
- ニンニク 4 片（みじん切り）
- 乾燥オレガノ 小さじ 1
- グラウンドクミン 小さじ 1/2
- 塩 小さじ 1/2
- 1/2 ポンドのセイタン、1/4 インチの厚さのスライスにスライス

組み立ての場合:

- ビーガン サブマリン サンドイッチ ロール 4 個 (長さ 6 ～ 8 イ ンチ)、またはソフト ビーガン イタリアパン 1 個 (幅方向に 4 つにスライス)
- ビーガンバター、室温、またはオリーブオイル
- イエローマスタード
- パンとバターのピクルスのスライス 1 カップ 市販のビーガンハ ム 8 スライス
- マイルドな味わいのヴィーガンチーズ スライス 8 枚 (アメリカン チーズまたはイエローチーズの風味がおすすめ)

方向

a) セイタンの準備: オーブンを 375°F に予熱します。セイタンを除 くすべてのモジョの材料をセラミックまたはガラス製の 7 x 11 イン チのベーキングパンに入れて混ぜ合わせます。セイタンのストリッ プを加え、マリネでコーティングするように和えます。10 分間ロー ストし、端が軽く茶色になり、ジューシーなマリネがまだ残るまで、 スライスを一度裏返します（焼きすぎないでください）。オーブ ンから取り出し、冷ますために置いておきます。

b) サンドイッチを組み立てます。各ロールパンまたはパンを水平方 向に半分にスライスし、両方の半分にバターまたはオリーブオイ ルを刷毛でたっぷりと塗ります。各ロールの下半分にマスタード

を厚く塗り、ピクルスを数枚、ハムを 2 枚、セイタンのスライスを 4 分の 1 枚置き、その上にスライスチーズを 2 枚乗せます。

c) ロールのもう半分の切り口に残りのマリネを少し塗り、サンドイッチの下半分の上に置きます。サンドイッチの外側にもう少しオリーブオイルを塗るか、バターを塗ります。

d) 10〜12 インチの鋳鉄鍋を中火で予熱します。2 つのサンドイッチをそっと鍋に移し、その上に別の鋳鉄製の鍋や丈夫なアルミホイルを何層か重ねたレンガなど、重くて耐熱性のあるものを置きます。パンが焦げないように注意しながら、サンドイッチを 3 〜4 分間グリルします。必要に応じて、サンドイッチが調理されるにつれて火を少し下げます。

e) パンがトーストしたように見えたら、パン/レンガを取り外し、幅の広いスパチュラを使用して各サンドイッチを注意深くひっくり返します。重石でもう一度押し、チーズが熱くとろけるまでさらに 3 分ほど調理します。

f) 重石を外し、各サンドイッチをまな板に移し、鋸歯状のナイフで斜めにスライスします。サーブホー

結論

『植物性タンパク質の味覚: テンペとセイタン クックブック』の旅の締めくくりとして、テンペとセイタンの料理の驚異を楽しんでいただければ幸いです。これらの植物ベースのタンパク質の強力な存在は、健康的で栄養価の高い食事を食べることが、風味や多様性を犠牲にすることを意味するものではないことを私たちに示してくれました。

テンペとセイタンは動物性タンパク質の素晴らしい代替品であり、その多用途性により、さまざまな料理、風味、調理技術を試すことができます。あなたが植物ベースの愛好家であっても、より持続可能な食材を食事に組み込むことに興味がある人であっても、この料理本は味わったり、愛する人たちと共有したりできる多様なレシピを提供します。

植物ベースの料理の世界を探求し続け、テンペとセイタンをお気に入りの料理に組み込む新しい方法を発見し、独自の料理の傑作を作成することをお勧めします。植物ベースの料理の美しさは、体と地球の両方に栄養を与え、健康と環境にとって双方にメリットがあることにあります。

すべての食事が、あなたとあなたの周りの世界にポジティブな影響を与える機会であることを忘れないでください。テンペやセイタンなどの植物ベースのオプションを選択することで、美味しくて健康的な創作物を楽しみながら、より持続可能で思いやりのある食品システムに貢献できます。

そこで、テンペとセイタンのフレーバーを受け入れ、植物ベースの良さで食事を高め、意識的な料理の喜びを祝いましょう。あなたのキッチンが、栄養のある食べ物と地球への愛が調和してひとつになる、料理の探求の場所であり続けますように。

植物性タンパク質を使ったクッキングを楽しんでください!

Milton Keynes UK
Ingram Content Group UK Ltd.
UKHW022030310823
427750UK00013B/356

9 781835 512715